설레는 바다, **왕수복**

신현규

목차
Contents

1 평양기생학교 시절
(1917~1931년 ; 1~15세 까지)

나는 뜨거웠던 삼일 만세운동이 일어나기 두 해 전에 태어났습니다. 그리고 대한민국의 월드컵 4강 신화를 북녘땅에서 들은 이듬해 파란 많던 내 가수 생활을 접고 세상과 작별했지요.

지금부터 평양의 기성권번을 거쳐 1930년대 최고 인기 스타에 오르기까지의 이야기와 나를 또 한 번 스타로 만들어주었던 연애사건들, 그리고 결코 잊을 수 없었던 내 삶의 아련한 이야기들을 전하고자 합니다.

주변에서 나를 아는 사람들은 보통 쾌활하고 명랑한 내 성격에 후한 점수를 주었습니다. 심지어 인정이 많다는 말에는 다소 쑥스러워지기도 했지요. 사실 나의 외모는 목이 좀 짧아 그렇지 그래도 상체와 하체가 고루 발달되어 있는 편이라서 볼수록 육감적이라는 말도 많이 듣곤 했답니다.[1)]

게다가 타고난 청아한 목소리와 풍부한 성량은 운 좋게도 우리 민족 특유의 '한'이라는 정서에 잘 어울렸고, 높은 예술적 경지로 평가받기도 하였습니다. 좀 잘난 체하는 듯 들릴지도 모르겠지만 내 독특한 가창실력을 두고 한때는 '설레는 바다'라는 비유로 언론의 찬사를 받기도 했으니까요.[2] 시대마다 노래 잘하는 사람은 많지만 정말 노래를 부를 줄 아는 사람, 그리고 그 능력을 제대로 평가받는 사람은 드물어 보입니다.

왕수복의 평양기생학교 졸업(1930) 사진이 수록된 『기성(箕城)기생사진집』(1938)

1917년 4월 23일, 평안남도 강동군 입석면 남경리의 한 시골 마을. 나는 화전을 일구는 농사꾼의 집안에서 사남매 셋째로 태어났습니다.[3] 그저 부지런해야 살아갈 수 있었던 세상을 물려주듯 아버지는 나에게 '성실(成實)'이란 이름을 지어주셨습니다. 어렵던 시절 그 이름이 청승스러웠는지 할머니는 내게 '수복(壽福)'이란 이름으로 고쳐주셨지요. 이 역시 속이 뻔히 들여다보일 만큼 허탈한 이름이었지만 이름 덕인지 나는 훗날 이 '수복'이란 이름으로 더 알려지게 되었지요. 내 '기생이름'도 그러하고요.

하지만 후에 내가 한 시절 마음을 다해 사랑했던 한 사람은 나의 옛 이름 '성실'이라 부른 것을 더 좋아하기도 했답니다. 여하튼 내가 86세의 무난한 장수를 누린 것도, 지긋지긋한 전쟁들을 겪어내고 살아남게 된 것도, 여자로서 흔히 말하는 팔자 센 인생을 질기게 이어왔던 것도 할머니가 주신 이름 덕분이 아니었을까 생각이 들기도 합니다.

화전 농부이었던 아버지가 병으로 세상을 떠난 것은 내가 태어난 이듬해였습니다. 어머니는 철부지 사남매를 이끌고 평양 시내로 들어가 우리는 큰 이모 집에 얹혀사는 신세가 되었습니다. 꼼짝없는 더부살이 신세를 면하기 위해서는 가족 중 누구에게도 돈벌이는 예외가 될 수 없었습니다. 심지어는 어린 셋째까지도. 거짓말처럼 아버지를 원망할 마음이 들어설 여유조차도 허락되지 않았습니다. 하긴, 그렇지 않아도 입에 풀칠하기 바빴던 가난한 화전농이었던 아버지는 우리 가족에게는 처음부터 든든한 버팀목으로 여겨지지 않았는지도 모릅니다.

어쨌든 가난하다는 말조차 입에 담기 어려웠던 배고프고 힘든 살림 한 가운데 내 나이 일곱 살에 유치원에 일감을 얻게 되었습니다.[4)] 사실 일감이랬자 일곱 살짜리가 할 만한 일이 무에가 있겠어요. 평양의 어느 한 교회에 일을 다니시던 어머니를 따라갔다가 우연히 내 또래의 부잣집 아이들을 시

중드는 일을 거들게 되었던 것이지요. 생각해 보면 내 커다란 눈을 이리저리 굴리면서 선생님 몰래 또 부잣집 아이들 몰래 놀 궁리만 했던 내 모습이 거울처럼 비추어집니다.

그런데 바로 그때 유치원 한 구석에서 흘러나오던 노래 소리……. 그 노랫소리가 어린 가슴에 왜 그리도 깊고 저리도록 스며들었었는지……. 마치 다른 세상에서 들려오는 듯한 유치원 선생님의 우아한 풍금 소리. 나도 모르게 따라 흥얼거리다 때로는 크게 목구멍 밖으로 튀어나오기도 해서 혼자 얼굴을 붉혔던 너무도 부르고 싶고 갖고 싶었던 노래들.

뜻이 있는 곳에 길이 있다던가요. 어느 운 좋은 날, 나는 유치원 선생님한테 내 노래를 들키고 많이 행복해졌던 기억이 납니다. 들키고 싶은 비밀이라면 적절한 표현이 될는지요.

나의 맑은 목소리와 음악적 재능에 가능성을 발견한 유치원 선생님은 당시 잘 알고 지내던 평양의 '명륜여자공립보통학교(明倫女子公立普通學校)' 음악 교사 윤두성(尹斗星) 선생님에게 나를 소개해 주었습니다. 선생님은 내 재능을 세심하게 살피고 아껴주었으며 수업이 끝난 후에는 따로 발성연습을 시키는 열의를 보여주기도 하였으니까요.[5]

그러나 정작 학교에 입학이란 건 했지만, 내 또래의 여자아이들이 꿈꾸던 수다스럽고 애틋한 꿈 많은 학창시절을 누리기에는 내 생활은 많이 녹록지 않았습니다. 아버지도 안 계신 집안, 사남매의 셋째였기에 늘 그나마의 우선순위에서 밀려왔던 내가 3학년의 '공립보통학교' 학비를 내기에는 터무니없는 사치일 수도 있는 것이었지요. 이런 한창 예민했을 나이에 느꼈던 상실감과 체념이 아마도 훗날까지 평생 동안 나를 배움이나 인텔리에 대한 갈망으로 남아 나 자신을 괴롭혔었는지도 모릅니다.

사실 기생이 되고 싶다는 생각을 해본 적은 없었습니다. 그저 흐르고 또 흘러 기생학교 학생 모집공고가 내 인생 가까이에 다가와 있었을 뿐.

그때 마침 평양의 기성권번은 정식으로 허가 받은 기생 양성소를 차리고 학생을 모집하기 시작했는데 여기서 바로 내 인생의 돌이킬 수 없는 전환점이 시작되었습니다.

그때 학비도 염려 없이 다니어, 학교를 순조롭게 마치었던들 미국에서 공부하고 지금쯤은 이화전문학교 여교수쯤 되고 그리고 무슨 박사쯤 되었을는지 몰랐지요. 그러고 난 뒤는 어머니 말씀이 있어 평양 기성권번의 기생학교에 들어갔지요.[6)]

어느 어머니가 딸을 기생으로 만들고 싶었겠어요. 하지만 우리 집의 형편으로는 보통학교를 다닐 수 없는 건 기정사실이었고, 어느샌가 이미 기생의 길로 접어들어 있던 언니의 선택이 어머니도 나도 다른 선택의 여지가 없는 것으로 느껴지게 하였던 것이지요. 언니는 그 후 '방가로'라는 다방을 평양에 열었습니다. 그 덕분에 오해를 많이 받아 곤란한 일도 간혹 벌어졌지요.

어쩌면 그것은 언니의 자취를 그대로 밟는 의례적인 절차가 되어버릴 수도 있었겠지만 그래도 나는 스스로 다르다고 생각을 다잡곤 했습니다. 그래도 명색이 나는 정식으로 허가받은 기생학교 1기생이었으니까요. 물론 그 전에도 동기(童妓)를 교육시키는 곳은 있었지만, 공식적인 양성소로 형식을 갖추고 학교로 불린 것은 그 때가 처음이었거든요.[7]

선농석인 노래들인 가곡, 가사를 전공하면서 가야금, 장고, 무용, 미술까지도 배울 수 있었던 그 곳이 나에게는 꿈에도 그리던 배움터가 되었습니다.[8] 나는 3년 성적이 좋았답니다. 열네 살 때에 우등으로 졸업했어요. 그런 뒤 기생이 되었지요.

기생이 된 동기가 있지요. 언니가 나보다 먼저 기생이 되어 있었답니다. 그래서 화려한 옷을 입고, 언니가 늘 웃으며 다니는 것이 한편 부럽기도 하였습니다. 결국 나도 언니를 따라 기생이 된 것이었지요.[9] 여기서 잠시 내가 다니던 기생학교 이야기를 해야겠습니다.

그 곳은 평양 연광정 근처 채관리(釵貫里)[10]의 한복판에 벽돌로 지어진 이층 건물이었습니다. 그 안에서 성악이나 가곡, 가사 수업을 받고 가야금, 거문고, 양금, 피리, 풍금, 무용, 미술 등의 10여 개 학과를 더 배웠답니다. 그 중에서 전공을 정하여 3년 만에 성숙한 기생을 키워내는 이를테면 '기생종합예술학교'라고 할 수 있지요.[11)]

하지만 타파해야 할 봉건적 잔재로 조선 후기의 관기(官妓) 양성소처럼 기생학교는 지탄과 선망의 대상으로 이중성을 지녔습니다. 유행을 선도하는 선망의 대상으로, 기생과 봉건적 제도의 청산되어야 하는 대상으로의 기생, 그것처럼 말입니다.

성악 선생 김미라주, 이산호주 그리고 가야금, 거문고, 피리 등을 가르치던 여러 선생들. 또 후에 해금 산조로 이름을 날린 류대복(1907~1964)도 그때 거문고 선생으로 기억에 남습니다. 특히 북한에서도 나보다 2년 전에 공훈배우가 된 이가 류대복 선생이었지요. 어렸을 때부터 부친에게서 민요를 많이 들었으며 해금과 가야금, 거문고 등을 배웠다고 합니다. 또 당대의 유명한 무용가이며 고수였던 한성준에게 장단과 고전무용을 사사 받았지요. 1925년부터 전문 연주가로 활동하면서, 1930년대 초부터 평양기생학교에서 후진양성을 할 때 그 곳에 있었어요.

명창 김미라주의 지도 밑에 3년간 가곡, 가사를 전공한 나는 15살 되던 1931년 2월, 마침내 기생학교 성적 최우수 졸업생의 영예와 함께 선생의 요구를 받아들여 실습 보조선생으로 일하게 되었습니다.

당시 김미라주 선생은 실력자로 알려져 있었지만 나이가 많았기 때문에 여러 고전들의 가창법들을 일일이 학생들에게 시범을 보이기에는 부치는 인상을 주곤 하였습니다. 그래서였는지 나의 남다른 재주를 눈여겨 봐두었다가 실습 보조 선생으로 낙점하신 듯합니다. 그 후 2년에 걸친 실습 보조 선생 생활이 나에게는 서도민요 기량을 더욱 연마할 좋은 기회였던 것으로 돌아 보입니다.

그리고 자랑처럼 들리겠지만 자신이 서화에도 남다른 재주를 갖고 있다는 것을 알게 되었습니다. 내가 특히 그리기를 좋아하던 것은 대국이었는데 이로 인해 선수 9인에 들 정도로 호평을 받았었지요. 물론 나 혼자 이루어낸 것은 아닙니다. 청출어람이란 말이 있듯 내겐 그 분야에서 당시 인정받던 뛰어난 스승이 계셨지요. 사군자와 특히 묵죽을 잘 그리시는 수암 김유탁(金有鐸, 1874~?) 선생이 바로 그 분입니다.[12)]

수암 선생은 당숙 주련(周璉) 선생에게서 서법을 배우고 집안 어른 죽리(竹里) 선생과 평양의 남화가(南畵家) 양석연(楊石然) 선생에게서 화법을 배워 1922년에는 이왕직 소관 미술품 제작소에 화가로 채용될 만큼 실력을 인정받는 분이었습니다.[13] 특히 그 분의 사군자는 유명하였고 제9회 조선미술전람회에 입선한 화려한 경력도 지니고 계셨지요.[14] 수암 선생에게 지도를 받다가 유명한 이당 김은호 선생을 찾아 서울로 올라와 문하에서 사사한 인물이 바로 혜촌(惠村) 김학수(金學洙) 선생입니다.

수암 선생은 1906년 인재양성과 민중의식개혁을 목적으로 조직된 애국계몽단체인 서우학회(西友學會)에서 박은식(朴殷植)을 비롯한 12명의 발기인(發起人) 중의 하나였습니다.[15]

수암 선생의 영향을 받아 나도 대국(大菊)을 그리기를 즐겨하게 되었습니다. 내가 그린 대담한 국화 송이의 생동감 있는 붓 터치를 칭찬해 주셨고, 영예롭게도 나를 서화에 조예 깊은 '선수(選手) 9인' 에 들게 해주셨지요.

평양 기생학교에서 서예를 지도하고 있는 수암 김유탁과 학생들 사진

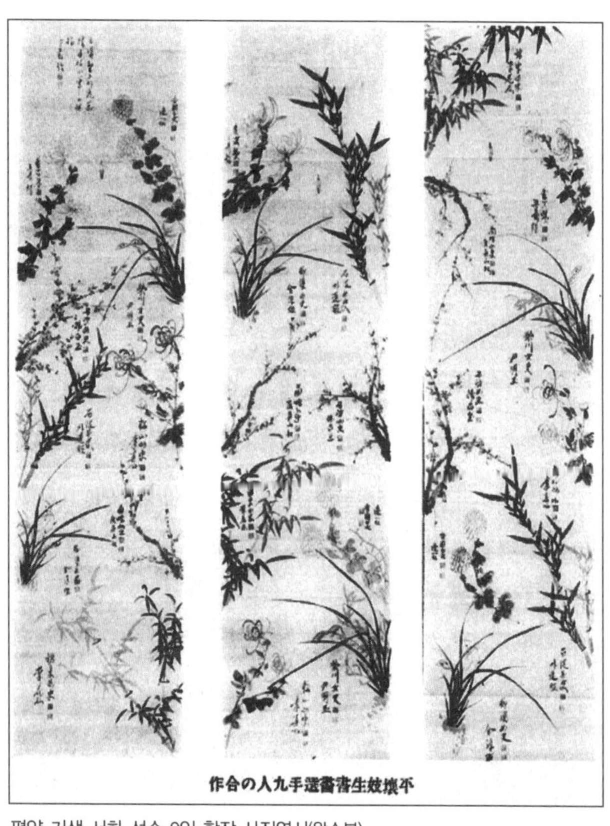

평양 기생 서화 선수 9인 합작 사진엽서(왕수복)

수암 선생에게서 배운 평양 명기 중에서 서화가 출중하다 꼽힌 '선수 9인'은 널리 알려진 이화선(李花仙)을 비롯하여 윤명옥(尹明玉), 박연희(朴連姬), 한정옥(韓正玉), 김순희(金淳姬), 이춘심(李春心), 변일선(邊一仙), 오산홍(吳山紅), 그리고 나 왕수복을 포함한 9명의 예기(藝妓)들이었습니다. '선수 9인'은 이들과 함께 합작한 사군자로 매화는 오산홍 · 한정옥, 난초는 윤명옥 · 김순희, 대국은 왕수복, 소국은 변일선, 대죽은 박연희 · 이춘심 · 이화선 등이 그렸지요.

2 첫 전성기, '10대(大) 가수'의 여왕
(1932~1939 ; 16~23세까지)

1930년대는 인기 대중 가수로서 나의 첫 번째 전성기이면서 잊히지 않는 삶의 순간순간이 채워진 나날이었습니다.

그 당시 처음으로 기생 출신 최초의 유행가수가 되고, 경성방송국(JODK)이 일본 전역으로 최초 유행가 방송을 한 이가 바로 나였지요. 잡지『삼천리』주최로 '레코드 가수 인기투표'에서도 전체 1위를 했지요. 마치 요즈음 '10대 가수'의 가수왕이 된 것처럼.

드디어 열아홉에 기생인가증을 반납해서 기적에서 이름을 빼고, 일본 동경으로 성악 유학길에 올랐습니다. 스물하나에 폴리돌 레코드회사와 절연(絶緣)하고, 이탈리아 성악 개인 교습을 벨트라멜리 요시코에게서 받게 되었지요. 일본 동경에서 '무용·음악의 밤' 자선공연에서 메조소프라노를 맡아 우리의「아리랑」을 성악 민요조로 부르지요. 이를 계기로 일본 아사히신문과의 인터뷰를 통해 널리 알려지게 됩니다. 지금도 그날을 생각하면 안타깝고 활기찬 그리움이 각인된 회상으로 가득 차 버리지요. 그 이야기의 보따리를 이제 풀어볼까 하렵니다.

나의 직업적인 가수생활은 열일곱 세가 되던 1933년 봄부터였습니다. 1930년대에 접어들면서 세간에는 민요조 유행가가 크게 유행하기 시작하였습니다. 아마도 억눌려 있던 민족감정과 저항의식이라는 변수가 전통음악을 돌아보게 한 듯합니다. 이런 노래를 민요와 창에 이미 익숙해져 있는 권번 기생들이 부르게 된 것도 어쩌면 당연한 일이었고요.

나부터도 그러하였지만 당시 평양기생학교는 정규 과목에 창가가 있었고 물론 민요, 곡조와 더불어 일본창도 배웠지요. 바로 일본의 아악, 민요와 창가를 정식으로 배웠었거든요. 당시의 대중가요 작곡가들은 창가류의 일본 대중가요 리듬을 인용하여 신민요를 만들어 레코드 발매하였지요. 이것을 레코드 최대 소비 계층인 기생들을 통해서 일반에게 유행시키는 방법도 사용했어요. 그리고 유성기의 지대한 역할에 힘입어 일반 대중들에게는 애창곡의 일대 변화를 불러온 것이지요. 내가 처음 레코드를 취입했던 것도 바로 이 무렵이었습니다. 콜롬비아 레코드 회사의 요청으로 신인 가수로서는 이례적으로 무려 10곡의 노래를 취입하였습니다. 민요조 유행가를 부르는 가수 중에서 내가 첫 번째 권번 출신 기생이라는 기록도 세웠지요. 이후 평양의 기성권번 출신 레코드 인기 가수가 쏟아져 나오게 되었습니다.

기생학교 후배들이었던 「꽃을 잡고」의 선우일선(鮮于一扇), 「애상곡」의 김복희(金福姬)와 그리고 최명주(崔明珠), 최연연(崔姸姸), 김연월(金蓮月), 이은파(李銀波), 한정옥(韓晶玉) 등이 머리에 스쳐 갑니다. 선우일선은 후에 나의 의붓딸 김성순과 같이 평양 음악무용대학의 교수로 후진을 양성하였답니다.[16]

그런데 1934년, 기성권번에서는 갑자기 권번 소속 기생이 레코드 취입을 할 수 없다는 원칙을 발표하여 한동안 시끄러워진 일이 있었습니다.[17] 권번 측에서의 입장인즉 기생이 레코드 취입을 하게 되면 평양 기생의 성가를 올리고 평양 선전

『동아일보』 1933년 7월 30일자 콜럼비아 레코드 광고에서의 왕수복 노래 「한탄」, 「울지마러요」

까지 겸할 수 있다고 목청을 높였지만 사실상 일단 가수가 된 기생들이 일으키게 될 권번 내의 풍기문제와 다른 기생들이 마음을 잡지 못하고 공연히 부화뇌동할 것을 우려한 것이지요. 결국 가수가 되든 권번 기생이 되든 칼 같은 선택의 문제를 강요하게 된 것이지요. 그 후 기생이 가수가 되려면 권번 기적에서 나와야만 가능하게 되었던 것입니다. 그 상황으로 본다면 아예 처음부터 레코드 가수 겸 권번 기생으로 발을 들여놓을 수 있었던 나는 운이 좋은 편이었습니다.

여하튼 어렵지만 운 좋게 만들어진 나의 가수생활은 시작되었습니다. 비록 시대가 시대인지라 내내 서럽고 슬픈 노래를 부르는 날들이 많았지만 내 가슴 속은 늘 밝고 명랑한 정서가 가득한 민요로 차고도 넘치고만 있었습니다. 뜻이 있는

『동아일보』 1933년 8월 21일자 콜럼비아 레코드 광고에서의 왕수복 노래 「신방아타령」, 「월야의 강변」

곳에 길이 있다던가요.

1933년 7월부터 10월에 걸쳐 발매되었던 콜롬비아 레코드사의 음반이 그러하였습니다. 「신(新) 방아타령」, 유행가 「한탄(恨歎)」, 「울지 말아요」, 「월야(月夜)의 강변(江邊)」, 「워디부싱」, 「패성(浿城)의 가을밤」, 「연밥 따는 아가씨」, 「망향곡(望鄕曲)」, 「생(生)의 한(恨)」 등 아홉 곡의 신민요가 나를 일약 시대의 인기가수로 만들어놓았으니 말입니다. 당시 폴리돌 음반에 취입한 신민요의 곡목은 「그리운 강남」, 「그리워라 그 옛날이」, 「조선타령」, 「최신아리랑」, 「포곡성」이었지요.

실은 10곡을 취입했지만 음반으로는 9장만 나왔지요. 일본 동경이나 오사카에서 취입을 위한 녹음실이 있기에 갈 때마다 한 10여 곡 이상을 녹음한답니다. 앞면 A와 뒷면 B로 나누어진 한 장짜리 음반이 당시 음반이었지요. 한 곡의 녹음 시간이 3분 20여 초 정도였기에 상황에 따라 늘리거나 줄이거나 즉흥적으로 하기도 했어요.

1933년 9월 新報 광고 문안 『동아일보』 1933. 8. 21
"平壤이 나은 歌姬 王壽福의 제2회 작품을 이제 발표합니다. 牧丹峰과 綾羅島의 고혼 精氣를 타고난 孃의 아름다운 노래를 또 한 번 들어 보십시요."

요즈음 인기 가수가 앨범을 만들면 수십 곡을 담고 있지만 한 가수가 그만한 분량을 채울 수 있는 노래는 거의 없었지요. 음반 제작사가 많이 있었지만, 그래도 큰 곳은 미국계 콜럼비아, 빅타, 독일계 폴리돌, 일본계 오케이 등이 1930년대를 주름 잡았습니다.

폴리돌 음반의 왕수복 가사용지의 사진

이 일을 기회로 하여 콜럼비아 레코드사와 폴리돌 레코드사 간에는 이른바 가수 쟁탈전이 일어났고요. 콜럼비아 레코드사에서 낸 음반이 히트를 치면서 콜럼비아 측에서는 나와 연속적인 전속계약을 준비하고 있었고, 폴리돌 레코드사에서는 그보다 발 빠르게 문예원, 김영환 등을 보내어 계약을 맺어버렸으니 양 회사 간 재판까지 걸린 쟁탈전이 벌어지고 말았습니다.

이 사건은 당시 평양과 서울의 신문에 실리고 나에 대한 일반의 관심을 키우던 중 폴리돌에서 취입한 "외로운 섬에서의 한스러운 사랑"이라는 뜻인 「고도(孤島)의 정한(情恨)」이 대히트를 하였습니다. 후에 제목을 「칠석날」로 고쳤지요. 그

일로 나는 폴리돌 레코드사의 전속계약을 맺고 70여 곡을 더 취입하게 되었습니다.

칠석날 떠나던 배 소식 없더니
바닷가 저쪽에는 돌아오는 배
뱃사공 노래 소리 가까웁건만
한번 간 그 옛 님은 소식없구나

어린 맘 머리 풀어 맹세하든 일
새악씨 가슴속에 맺히었건만
잔잔한 파도소래 님에 노랜가
잠드는 바다의 밤 쓸쓸도 하다

『동아일보』 1933년 10월 2일자 폴리돌 레코드 광고에서의 왕수복 노래 「고도의 정한」, 「인생의 봄」

칠석날에 떠나는 님을 애타게 기다리는 바닷가 여인의 애끓는 심정을 담은 노래였지요. 순정의 사랑도 눈물로 헤어져야 하였던 일제 강점기 수난의 시대가 배어 있는 연정 비가(悲歌)이었습니다. 저의 청아한 목소리와 독특한 발성으로 형상된 이 노래는 레코드와 함께 삽시간에 전국에 퍼져 가면서 망국의 한(恨)이 맺힌 겨레의 설움을 달래 주었지요.

폴리돌 레코드 회사는 설립 후 처음으로 최고 매상고를 올렸답니다. 제 이름은 레코드판과 더불어 전국의 방방곡곡에

널리 알려져 갔음은 물론이지요.[18)]

특히 4분의 3박자로 애절하게 흐르는 이 노래는 당대 여성들의 마음속에 서렸던 보편적인 비감을 나타냈고요. 그 시기 망국의 설움 속에서도 생활은 있었고 남녀 간에 맺어지는 사랑도 있기 마련이었지요. 그러나 우리 민족을 둘러싼 사회적 환경 탓에 송죽같이 맺어졌던 사랑도 눈물로 헤어져야만 했습니다. 「칠석날」이 1930년대 초에 널리 불린 것은 어쩔 수 없는 시대상의 반영이었습니다.

이 노래를 불러보노라면 칠석날에 떠나간 님을 안타까이 기다리는 섬 마을 여인의 심정을 느낀답니다. 멀리 바닷가 저쪽에서 돌아오는 배가 행여나 님이 탄 배가 아닐까 하여 마음 졸이며 기다렸건만, 사공의 노랫소리만 들려올 뿐 떠나간 그 님은 소식이 없어 파도 소리에 쓸쓸한 마음을 달래보는 섬 마을 여인의 심정을 소박하게 담았지요.[19)]

당시 가요에 대한 일제의 탄압 때문에 이 시기는 검열의 관문을 통과하기 위한 유일하게 무난한 통로가 연정가요였습니다. 1930년대 초에는 연정가요들이 음단을 풍미하였지만 그것들은 연정가요가 아니라 망국의 설움과 수난의 역사가 투영된 일종의 비가(悲歌)들이었지요.[20)]

"칠석날 떠나던 배 소식 없더니…" 이렇게 시작하는 노래가 「고도의 정한」입니다. 견우, 직녀 그들이 서로 헤어지고 만나지 못하는 것을 나라 잃은 민족의 슬픔으로 비유한, 우리들의 '애환'의 삶을 이끌어내는 노래입니다. 나는 이 노래로 매우 유명해졌습니다.

사실 이 곡은 일본 노래 「섬아가씨(島の娘)」를 참조하였습니다. 이 노래는 1933년 8월에 작사 長田幹彦, 작곡 佐々木俊一 으로 가수 小唄勝太郎가 부른 히트곡입니다. 그 후에 勝太郎이 부르고 영화화되면서 대단한 인기를 끌었지요.

당시 이 곡을 작곡한 전기현의 말을 인용하면 다음과 같습니다.

> "왕수복이 콜롬비아에서 폴리돌로 넘어온다는 것을 신문 잡지상으로 굉장히 떠든 만큼 또 콜롬비아에서 큰 가수이니까, 폴리돌에 와서는 유행가에 여왕이라고 하도록 만들려 하는 데서 제1회 작품인 「고도의 정한」은 작곡 작사가 매우 힘들어 나온 것이다. 처음에 그 노래를 들어본즉 첫인상으로 이 노래는 동경에서 부르는 소패(小唄)를 많이 모방한 것을 알았다. 왕수복의 몸집이 건장한 만큼 목소리도 우렁차게 기운 좋게 세차게 나온다. 특히 평양예기학교(平壤藝妓學校)를 졸업한 만큼 그 넘기는 데는 과연 감탄 아니 할 수 없었다. 본(本)성대가 아니라 순전히 만들어내는 성대이면서 일반에게 환영을 받고 유행되고 많이 팔리기로 전무후무(前無後無)이다. 「고도의 정한」을

내가 작곡함에 힘들어 한 것은 작곡가로서 매우 힘든 것은 중간에 가서 목을 별안간에 변곡(變曲)을 시키게 되면서 가늘게 뽑아내는 데 나로서는 과연 힘이 들었다. 이것이 성공할까. 왕수복이 이렇게 갑작이 변곡이 될까 하는 것이었다. 의외에 작곡자에 생각한 이상 묘하게 꺾어 변곡을 시키면서 가늘게 뽑는 데는 참말로 놀랐다. 그래서 왕수복의 「고도의 정한」으로 나의 작곡은 세상에 알리어 주었다. 다시 말하는데, 조선 레코드 계에 있어 「고도의 정한」 이상으로 팔린 것은 아마 없으리라고 본다. 그만큼 나와 왕평(王平)씨의 힘이 모이고 왕수복의 힘이 가한 「고도의 정한」이다."[21]

한편 왕평(王平)의 잡지에서 인터뷰한 내용을 인용해보겠습니다.

"하나 이야기합시다. 폴리돌에서 왕수복을 끄집어낸 이야기인데 순전(純全)한 기생으로서 레코드계에 출현하기는 아마 왕수복이 제일 처음일겝니다. 이건 참 대단히 비겁한데 처음 왕수복을 발견하기는 폴리돌이 아니고 다른 어떤 회사이었습니다. 콜럼비아 회사에서 먼저 왕수복을 평양에서 발견하고 테스트를 해보니 그리 나쁘지 않음으로 동경으로 데리고 가서 취입을 시켰는데 콜럼비아 회사에서는 왕수복의 성공 여부를

위통 치료약 〈노르모산〉 광고모델
왕수복 사진

퍽 염려했습니다. 그런데 그때 역시 폴리돌에서 일을 보고 있던 나는 동경서부터 왕수복의 미성(美聲)이 괜찮게 생각되어 돌아오는 기차에서 그를 붙들고 설명시켜 종시(終是) 평양까지 와서 하차하여 일주일 동안 행방을 감추었지요. 그때 알아보니 왕수복은 아직 아무데와도 구체적 관계를 맺지 않은 자유로운 몸이었습니다. 그래서 일주일 동안에 왕수복과 폴리돌 회사 사이에 정식으로 계약을 맺어놓았지요.

자아 계약을 맺기는 했으나 어째던 콜럼비아 회사에서 취입한 것보다 나어야 하겠는데 그래서 상당히 고심한 결과 작곡을 전기현 씨에게 부탁해서 처음으로 세상에 내놓은 것이 저 '고도의 정한' 입니다. 그때 내지반(內地盤)으로 「島の娘」이 한창 유행하고 있는데 어딘가 이 「島の娘」에 비슷한데도 있고 그리고 그것을 왕수복의 고운 목소리로 길게 뽑아 넘기는데 인기가 있었답니다. 그때 여가수로는 조선에서 왕수복이 제일 인자였습니다.

레코드 음반 취입(1933) 이후 왕수복 사진

그 후 약 1년이 지나서 선우일선이가 데뷔했지요. 그런데 이 선우일선이 데뷔하기까지의 이야기를 하면 평양 기생 선우일선이 노래를 잘한다는 말을 듣고 평양으로 내려가서 선우일선의 노래를 들어보았습니다. 그런데 첫째 번쩍 귀에 들어오는 그 고운 목소리에 반했습니다. 그래서 선우일선을 데리고 상경하여 김억 씨 작사, 이면상 작곡인 「꽃을 잡고」라는 신민요를 냈는데 이것이 말하자면 왕수복의 「고도의 정한」 이상으로 인기가 있었지요.

하여튼 우리들이 고심하는 것은 어떤 가수를 발견한 다음에 어떤 곡조, 어떤 가사를 불리었은까 하는 점에 있습니다. 아무리 유망한 가수라도 그 가수에 맞지 않는 곡과 가사를 불리우면 실패입니다. 선우일선의 경우에도 그런 점에 있어서 퍽 고심하였습니다. 그런데 지금까지의 경로를 가만히 보면 선우일선이 부른 곡은 전부가 이면상 씨의 작곡이었습니다. 이면상 씨의 곡과 선우일선의 목소리에는 그 어떤 점에 있어서 서로 잘 어울리는 데가 있지 않은가 생각합니다."[22]

이제 유명한 대중 인기가수가 되자, 광고모델 섭외도 들어왔습니다. 그 덕분에 더욱 이름이 알려지는 결과를 낳았지요. 1937년에 열린 일본 박람회에 출연을 하기도 했기에 가능했답니다. 일본 전역에 그 만큼 광고 효과를 누릴 수 있기에 광고 모델이 되었습니다.

주대명의 작사와 박용수의 작곡으로 부른 「인생의 봄」도 기억이 많은 작품입니다.

노란 꽃잎 붉은 꽃잎 봄 따라 피고
인생의 봄 청춘이라 마음도 피네
새벽이슬 맞아가며 곱게 피여서
오는 봄 새 희망 노래 부르네

아지랑이 풀 그늘의 봄맞이 노래
청춘의 푸른 꿈 흘러가는 봄 물결
가는 세월 오는 봄을 허송치 말고
인생의 포부를 꽃 피워보세

내 독특한 창법은 민요조의 노래를 뽑아낼 때 더 부드럽고 은근하게 나만의 특별한 음색을 보여줄 수 있는 장기를 가지고 있었습니다. 여기에는 물론 내가 어릴 적부터 다져온 전통 민요나 서도 민요, 가곡이나 가사에 대한 기본기가 큰 힘이 되었지요. 덕분에 나는 창법이 독특하고 음역이 넓으면서도 주력이 좋은 '설레는 바다' 같은 형상력을 지닌 가수로 평가받을 수 있었답니다.

1933. 10. 21 『동아일보』 폴리돌 레코드 광고 '금수강산 평양이 낳은 폴리돌 전속 藝術家 美聲의 歌姬 王壽福 양의 獨唱 레코드 「孤島의 情恨」과 「人生의 봄」은 과연 靜寂한 가을에 우리를 얼마나 위로하여 줄까! 드르라이好評에 소리盤을'

지금이라도 내가 그 시기에 불렀던 「뻐꾹새」(일명 포곡성), 「울산타령」, 「어부사시가」, 「봄맞이 아리랑」과 같은 신민요들을 들어보면 누구든 내 노래의 멋과 운치를 느낄 수 있을 겁니다.

「울산타령」(울산아가씨)도 추야월의 작사와 이면상의 작곡으로 당대를 풍미한 유행가였지요.

동해나 울산에 밤나무 그늘
경개도 좋지만 인심도 좋구요
큰 애기 마음은 열 두 폭치마
실백자 얹어서 전복쌈일세
에헤야 에헤라 울산은 좋기도 하지

「어부사시가」의 노랫말도 뛰어났지요.

우는 것이 뻐꾹샌가
푸른 것이 버들숲가
동풍이 건들불어
어촌에도 봄이 든다
배 띄여라 어야더야
봄을 싣고 어야더야
얼음 풀린 강물 속에
고기 떼도 어야더야

산이 푸르러 청산인가
물이 깊어 창파인가
뒤산에 밤이 드니
어룡들 잠이 깊네
노저어라 어야더야
봄을 싣고 어야더야
물이 잠긴 달을 잡자
노저어라 어야더야

하지만 내 노래가 물 흐르듯 그렇게 쉽게 흘러나오기만 한 것은 아니었습니다. 녹음이 있는 날이면 아침부터 식사량을 줄이고 냉수로 목을 축이고 긴장에서 오는 갈증에 남몰래 어쩔 줄 몰라 했습니다.

어쩌다 길을 가다가도 '미성약'(美聲藥, 목소리를 잘 내게 하는 약)이라는 광고가 붙어있는 약국을 그냥 지나치는 법 없이 꼭 사 먹어야 직성이 풀리곤 했지요. 그래도 막상 녹음 작업에 들어가면 처음의 단정했던 자세가 한두 곡이 지나는 사이 나도 모르게 차츰차츰 한쪽으로 기울어지면서 정신이 혼미해질 지경에까지 이르게 됩니다. 그렇게 혼신의 힘을 다해 부른 노래를 부른 후에도 녹음을 지켜보던 선생님의 눈치를 살피다가 이젠 마이크를 끌어안고 주저앉고 싶은 심정이 되어버리기가 십상이었지요.

그래도 나는 월 800원 이상의 고수익을 올리는 인기가수임에 분명했습니다. 당시 인기가수의 특별출연은 회당 15원이었고 1일 1회 공연에 10원, 2회 공연일 때는 회당 출연료가 5원을 받았던 것을 따져보면 내 수입은 그야말로 대단한 수준이었지요.

그 외에도 나의 주요 수입원은 대략 전속료, 레코드 취입료, 지방연주 수당, 광고 출연 등이었는데 이렇듯 활동하는 분야가 넓어지다 보니 하루일정이 바쁘고 잠이 부족할 수밖

일제 강점기 시절의 왕수복 사진엽서

1930년대 첫 번째 전성기 시절의 왕수복 사진

에 없었습니다. 그래서 잡지사의 기자들이 나를 한번 만나려면 내가 빼곡한 하루 일정이 다 마치고 잠에서 깨어나는 시간인 한낮 열두 시를 넘겨야만 가능하였습니다. 하지만 서울에서 달려온 기자들이 두말없이 기다릴 수밖에 없는 것이 당연할 만큼, 나는 화려하고 당당하고 똑똑할 뿐더러 탁월한 노래실력까지 갖춘 시대의 스타였습니다. 세인들이 뭐라 하던 나는 시대를 잘 만난 영리하고 재능 있는 가수이고 또 기생이기도 하였습니다.

그 교묘하게 내 인생에서 쉽게 빠져나갈 수 없는 기생이라는 타이틀 때문에 나는 지성적인 면에서 대중에게 무시당하지 않기 위해 바쁜 와중에도 노력을 많이 하였습니다. 『퀴리부인』이나 『좁은 문』, 『죄와 벌』 같은 명작을 읽어내는 지성을 갖춘 기생이나 인기가수는 아무래도 찾아보기 힘들지 않겠어요? 그건 어찌 생각하면 내가 아무리 동경 유학을 다녀온 인텔리를 자부한다 해도 어쩔 수 없이 내 자리를 되돌아보게 되는 일종의 자격지심일 수도 있었을 겝니다. 그래서 내 꿈은 더 원대해지고 그러면서도 평범하고 소박한 모습이었던 것 같습니다. 비록 동경에서 이탈리아 음악체계를 배우고 돌아왔지만 조선의 것이 아니면 진정한 생명력 있는 음악이 생길 수 없다는 마음가짐으로 우리 민요를 세계적으로 알리겠다는 포부가 바로 그것입니다.

그러는 한편으로 훗날 기생이란 직업을 접게 되면 악기점과 서점을 내어 좋아하는 피아노를 마음껏 치면서 좋은 책들을 실컷 읽으며 살고 싶었지요. 또 결혼을 하게 된다면 꼭 시인이나 소설가를 직업으로 가진 남자를 만나 낭만적인 소설

폴리돌 악단과 전속 가수 기념 촬영으로 왼쪽에서 앞 줄 세 번째는 전옥, 다섯 번째 선우일선, 여섯 번째가 왕수복이다.

속 같은 살림을 꾸려보고 싶었습니다. 이런 바람이 너무도 절실해서 이였을까요? 훗날 나는 정말 꿈에도 그리던 소설가 애인을 갖게 됩니다. 물론 너무도 짧고 마음 시린 꿈처럼 지나게 되고 말았지만요.

나는 레코드 취입과 더불어 나를 더 유명하게 만든 것은 무대 출연이었습니다. 한번은 이런 일이 있었지요.

그 날도 공연을 마치고 극장 문을 나설 때이었습니다. 한 무리의 사람들이 나를 빙 둘러서서 길을 막는 것이었습니다. 쉽게 생각이 들기에는 노래 잘하기로 소문난 명가수 얼굴을 가까이서나 한번 보자는 것이었겠지요. 세간에는 내가 노래는 잘하지만 얼굴은 실제로 보면 '곰보' 로 얽은 얼굴이라는 소문도 있었으니까요. 아마도 진짜 곰보인지 아닌지 확인해 보려는 사람들인 듯했습니다. 그럴 때면 나는 이렇게 말하곤 했습니다.

"아니 왜 길을 막아요? 호호호, 제가 곰보인가 해서요? 자, 어서 가까이 나와서 자세히 보세요. 내가 곰보인가 아닌가를……"

그러자 나의 얼굴을 자세히 보던 중년 부인은 '실례하겠습니다' 하며 얼굴을 손으로 쓸어보기까지 하고는 '에구머니나! 내가 헛소문을 듣고 속아댔구나!' 고 말하며 돌아섰습니다.

이쯤 되면 모여 섰던 사람들 속에서는 폭소가 터져 나오곤 했지요.

이외에도 나는 나 자신과 내 주변을 깎아내리는 어떤 헛소문에도 화를 내거나 하지 않았습니다. 물론 나도 사람인지라 화가 나지 않는 것이 아니고 억울하지 않은 것이 아니었지만 스타라는 자리는 나를 더욱 여유 있고 아량 넓은 낙천적인 여자로 눌러 앉히곤 했습니다. 그래서 스타의 길은 외롭고 고통이 따른다고들 하는 모양입니다.

나의 인기는 「청춘을 찾아」, 「내일 가세요」, 「몽상(夢想)의 봄노래」, 「남양(南洋)의 한울」, 「바다의 처녀」. 「청춘회포」, 「순애(順愛)의 노래」 등으로 순조롭게 이어졌습니다. 스타가 있으면 아류도 있다지요? 내 인기를 따라 나와 비슷한 스타일로 「어머님 전상서」와 「초립동」을 부른 이화자가 인기가수 대열에 오르기도 하였지요.

나의 인기는 가는 곳마다 여러 화제를 불러 일으켰습니다. 능숙한 사교가처럼 평양에서 서울을 오갈 때마다 화려한 조명을 받곤 하였습니다.[23)]

여기서 유행가와 가곡 사이에 선 「그리운 강남」을 빼놓고 이야기할 수는 없습니다.

정이월 다 가고 삼월이라네

강남 갔던 제비가 돌아오면은
이 땅에도 또 다시 봄이 온다네
(후렴) 아리랑 아리랑 아라리요
아리랑 강남에 어서 가세

하늘이 푸르면 나가 일하고
별 아래 모이면 노래 부르니
이 나라 이름이 강남이라네

그리운 저 강남 두고 못 가는
삼천리 물길이 어려움인가
이 발목 상한지 오래이라네

그리운 저 강남 건너가려면
제비떼 뭉치듯 서로 뭉치세
상해도 발이니 가면 간다네
「그리운 강남」; 김용환, 윤건영, 왕수복

1934년 5월 폴리돌레코드에서 신민요로 발매된 「그리운 강남」입니다. 노래 자체도 민요조 가락이 더없이 흥겨운 뛰어난 작품이지만, 유성기 음반 복각으로서 현재 나와 있는 것

가운데 대단히 중요한 의미를 가지고 있는 것이기도 합니다. 당시 폴리돌을 대표했던 인기 유행가수인 나와 김용환, 윤건영이 함께 불렀지요. 1절은 윤건영, 2절은 내가, 3절은 김용환이 맡았고, 4절은 합창으로 되어 있답니다. 가수 세 명이 한 노래를 같이 부른 것도 흔치 않은 예이지만, 그보다는 윤건영과 폴리돌 전속 시절 나의 목소리가 복각음반으로 전해지는 것은 이 「그리운 강남」이 유일하다는 데에서 더욱 의미를 찾을 수 있답니다.

그런데, 비록 유행가수들이 불렀다고는 해도 「그리운 강남」은 사실 완전한 유행가가 아닙니다. 시인 김석송이 노랫말을 짓고, 광복 이전 양악계에서 작곡가 겸 성악가로 크게

「왕수복 취입집」으로 반도제일(半島第一) 인기화형가수(人氣花形歌手) 『동아일보』 1934. 5. 11일자 광고

활약했던 안기영이 곡을 지은 것이라, 요즘 개념상으로는 유행가라기보다 가곡에 가깝다고 할 수 있습니다.

현재 네 차례 정도로 확인되고 있는 「그리운 강남」의 광복 이전 음반 취입 내력을 봐도 작품의 성격이 잘 드러나는데, 1931년에는 혼성합창으로, 1932년에는 안기영 자신의 노래로, 1934년에는 유행가수들의 노래로, 마지막 1943년에는 소프라노 김천애의 노래로 취입되었다고 합니다. 오히려 유행가수들이 불러 폴리돌에서 발매된 「그리운 강남」이 예외적인 경우였다고도 볼 수 있을 것입니다. 하지만 「그리운 강남」을 그냥 가곡이라고 단정하는 것에도 역시 문제는 있습니다. 우선, 폴리돌에서 「그리운 강남」을 유행가수들이 부르는 것으로 낼 때에 지은이, 특히 안기영의 양해를 구하지 않을 수 없었을 것이니, 자신의 작품에 대해 유행가니 가곡이니 하는 선을 분명히 긋지 않았다고 생각해 볼 수 있습니다.

또한, 1931년에 나온 「정선 조선가요 선집」이란 책에서는 콜럼비아에서 발매된 국악, 유행가 음반의 가사와 악보를 싣고 있는데, 「그리운 강남」도 보통 유행가와 함께 나와 있는 것을 발견할 수 있습니다.[24] 양악 도입 초기에는 유행가와 가곡의 구분이 지금처럼 엄격하지 않았을 것이라는 점은 어렵지 않게 추측할 수 있습니다.[25]

내가 가장 애착하는 노래 「청춘을 찾아서」는 왕평의 작사와 이면상의 작곡으로 민요풍이었습니다.

삼춘가절 어화 좋구나
만화방창 동무야
가는 봄을 꽃 수레 싣고서
저 멀리 아득한 고개로
청춘 찾아 넘어가자
안개 자욱히 춤추는 곳
봄 노래를 부르면서
어여차 어야 하 넘어 가잔다

양춘가절 어화 가구나
희망안고 벗들아
저 멀리 험난한 고개로
청춘 찾아 넘어가자
아침 노을이 불타는 곳
봄 노래를 부르면서
어여차 어야 하 넘어 가잔다

유일한 방송이었던 라디오 경성방송국은 1934년 1월 8일부터 정기적으로 JODK의 호출부호를 사용하여 일본에 한국

年頭、朝鮮樂의 飛躍

雅樂을 全日本에 中繼

京城放送局의 試驗、曲目은

名曲青春不老之曲

라디오 경성방송국의 해외 방송을 시험한다는 기사 내용에 이왕직아악부의 「청춘불로지곡」과 왕수복의 유행가 방송을 소개하고 있다. 『조선일보』 1934. 1. 7. 조간

어 제2방송을 중계하였답니다. 이 중계방송에는 아악연주를 비롯하여 한국의 지리, 민속을 소개하는 강연과 실황방송, 민요 및 유행가요, 어린이들의 창가 등이 방송되었지요.

특히 1934년 1월 8일에는 이왕직아악부(李王職雅樂部)의 아악연주와 경성방송국 오케스트라의 반주로 나의 노래가 일본에 처음으로 중계방송 되었습니다. 그때 부른 유행가는 「눈의 사막」, 「고도의 정한」, 「아리랑 조선민요」 등이 생각납니다. 이후 창 · 민요 · 동화 및 한국의 역사와 풍속 등이 일본에 중계 방송된 것이지요.

明日프로

日曜月 JODK

晝同部

▼午前十一時五分氣象通報 料理法·日用品時勢 ◎京城府營放送

▼正午時報 今日프로그람發表

▼午後零時五分 [illegible]의 [illegible]

▼零時四○分뉴-스

▼一時 [illegible]

風俗(一) 金[illegible]

▼四時뉴-스◎職業紹介事項

▼六時童謠 [illegible]

夜同部

▲六時二○分(東)お話 [illegible]

▼六時二十五分 라디오 [illegible]

▼七時 뉴-스·天氣豫報

▼七時三十分 [illegible] 全國中[illegible]

[illegible] 指揮 [illegible] 王[illegible]

伴奏 DK오-케스트라

▼八時 [illegible] 아리랑 [illegible]

▼八時三十分 [illegible]

경성방송국 라디오 프로그램에서 왕수복의 공연 내용 『동아일보』 1934. 1. 8

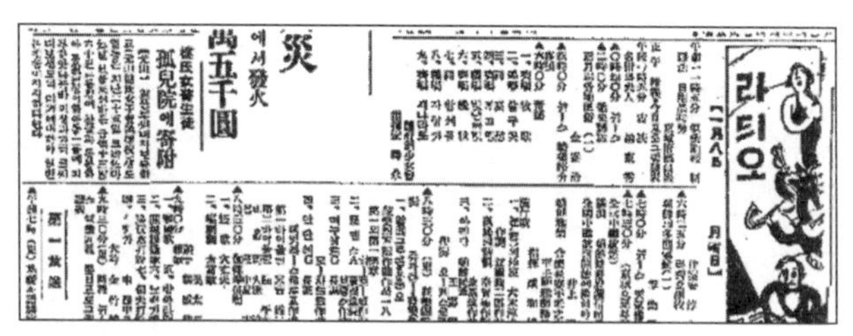

왕수복의 라디오 방송 소개 『조선중앙일보』 1934. 1. 8

『조선일보』에는 이렇게 나를 소개했지요.

"옥 방울 굴러가는 구슬 소리같이 맑고도 아름다운 조선 아가씨의 귀여운 노래 가락이 훨쩍 개인 정월 하늘에 전파를 타고 해외를 달리는 귀여운 소식—조선 가수의 은근히 감춘 맑은 '청'을 역시 널리 소개하고자 우선 그 첫걸음으로 오는 8일 오후 7시 반부터 8시까지 연예 방송 시간에 유행가사로 이름 있는 왕수복 양의 조선 유행가를 방송하리라 한다."

열여덟 나이에 너무나 큰 영광이었지요. 시험적으로 일본 전역에 첫 방송된 조선의 유행가는 내 히트곡 위주로 전파를 탔지요. 더구나 「아리랑 조선민요」를 불러 해외에 첫 방송 소개된 것도 기억납니다.

그해 유학을 결심하면서 이듬해 평양 기성권번의 기적(妓籍)은 정리하게 되었지요. 그 전에 레코드 회사에서는 내가 기생 출신이라는 점을 일부러 부각시켜 홍보의 수단으로 삼았답니다. 이것이 나에게는 폴리돌 레코드 회사와의 결별에 또 다른 계기가 되지요. 유행가 가수는 대중의 인기를 먹고 사는데 예전이나 지금이나 별반 차이가 없습니다. 하지만 유독 나와 같은 기생 출신 가수에 대한 선입견으로 대중 음악이 아닌 다른 외적인 모습을 기대하게 되는 것이 싫었답니다.

사실 대중 인기가수가 전성기에서 그 절정의 순간을 스스로 알고 내려온다는 것은 무척 힘든 결정입니다. 그것이 가능하게 했던 것이 바로 조선 민요의 세계화와 같은 꿈을 꾸게 되었지요. 어설픈 결과에 대한 변명이 아니라, 평양 기생 출신으로 대중 인기가수가 된 몇 분에게 각각의 경우를 들어 설명할 수 있답니다. 아직도 그때 갑자기 유학의 길에 올라 주위 모든 분들이 궁금할 것이라고 여겨집니다. 더구나 이탈리아 유학까지.

사실 당시 1935년 오케이레코드에서는 이탈리아로 성악을 배우기 위해 유학의 길을 떠난 가수가 있었습니다. 테너 이인선(李寅善)을 이탈리아에 유학시켜 주었던 이가 바로 오케이레코드 사장 이철(李哲)이었으니까요. 테너 이인선이 이탈리아 밀라노에서 고초를 겪고 오면 오케이를 위하여 봉사를 할지 아니할지 그것도 사장 이철의 수완에 있을 겁니다.[26)]

폴리돌 레코드에서는 나와 선우일선으로 회사 자체가 혁신된 만큼 유행가 레코드에 새 경지를 개척하여 이곳저곳에서 평양으로 기생 가수 탐색의 길을 떠나는 것이 유행이었습

니다.[27]

재동경(在東京) 기독교청년회에서는 1935년 5월 17, 18 양일간 오후 7시부터 동경 공회당에서 『조선중앙일보』 동경지국 후원 하에 '조선유행가의 밤' 을 개최된 적이 있었지요. 그 목적은 동경에 거주하는 5만 조선인의 자녀들을 위하여 청년회가 경영하여 오던 무산아동 야학을 계속하고 또 확장할 기금을 모집하는 데 있었습니다.

당시 공연은 「폴리돌 레코드」 조선 전속 예술가 나와 전옥, 김용환, 윤건영, 왕평 등과 폴리돌 전속 관현악단이 효이저스 도 출연하였지요. 또 찬조 특별 출연으로 전일본 학생대표로 출연한 김안나(金安羅, 김용환의 동생)의 독창과 야담으로 유명한 김진구(金振九)의 야담(野談)이 있었답니다. 조선예술좌(朝

東京서 처음 열니는
朝鮮流行歌의 밤
本報東京支局後援

日曜講話

'조선유행가의 밤' 공연에 참가한 왕수복 기사 「조선중앙일보」 1935. 5. 19

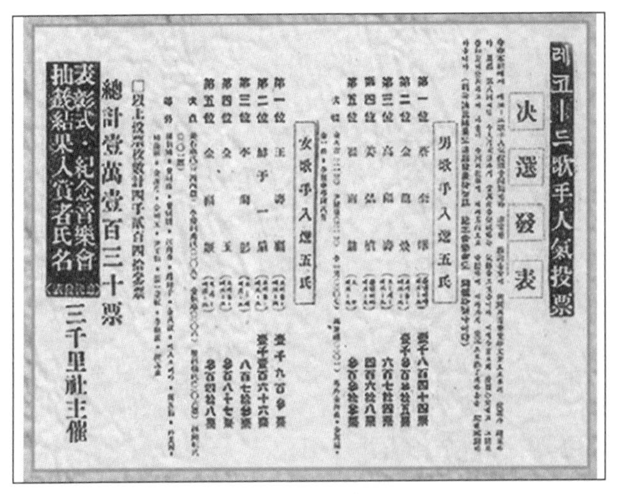
레코-드歌手人氣投票

決選發表

男歌手入選五氏

女歌手入選五氏

總計壹萬壹百三十票

表彰式·紀念音樂會 抽籤結果入賞者氏名

三千里社主催

『삼천리』 주최 ; 레코드 가수 인기투표 결선발표(1935)

鮮藝術座) 유지와 폴리돌 예술가의 합작으로 연극이 있을 터인바 이러한 공연은 동경에서 처음 열리는 만큼 일반이 크게 기대하였습니다.[28]

1935년에는 『삼천리』 잡지가 주최한 여가수 인기투표에서 최고점을 얻어 장안의 인기를 한눈에 확인할 수 있었지요. 그건 요새 연말에 '10대 가수'를 뽑아놓는 그런 것인데 남녀 가수 각각 5명씩 팬들의 투표로 선정되는 것이었습니다. 그런데 그런 '10대 가수' 중에서도 남녀 가수를 통틀어 전체 1위는 바로 나였으니 지금의 '10대 가수 여왕' 정도로 봐야 하지 않을까요?

왜냐하면 남자 가수 입선 5명의 총 투표매수 5,888표였지만, 여자 가수입선 5명의 총 투표매수는 4,243표였지요. 그렇지만 남자 가수 제1위인 채규엽(蔡奎燁)의 투표매수 1,844표보다 나는 59표가 많은 1,903표로 진정한 1위였어요.

그 무렵 젊은이들이 모이는 자리에는 어김없이 인기가수 투표 이야기가 나왔고 사회적으로도 알 만한 하이칼라 신사가 모인 자리에도 나의 이야기는 화제가 되곤 했답니다. 덕분에 레코드 회사에서도 내 레코드판이 불티나게 팔려 나갔음은 말할 나위도 없겠지요.

내가 시방공연이라도 하고 돌아올 때면 소나기처럼 쏟아지던 소위 팬레터에 관한 이야기도 빼놓을 수 없습니다. 개중에는 순수한 격려의 편지도 있었지만 당연히 괴상망측한 협박 편지며 웃지 못할 편지들도 으레 섞이게 마련이었지요.

예를 들면 "수복씨여, 이태리 밀라노에 가서 음악공부를 하고 와서, 세계적 성악가가 되어 주소서." 혹은 "수복씨 당신의 목소리를 하루라도 듣지 않고서는 도저히 살아갈 수가 없습니다. 당신의 모습을 하루라도 보지 않고서는 견딜 수가 없습니다. 날 죽이지 않으시려거든 한번만 만나주십시오."

물론 나는 그 많은 편지들 중에서도 진심으로 나를 위해 내 노래를 비평해준다고 생각되는 팬들에게만 답장을 보내드렸지요.

또 한 번은 이런 일도 있었습니다. 『삼천리』 잡지에 나의 기사가 실리면서 기자가 내가 살고 있던 곳을 '평양 채관리 어느 석판 인쇄소 옆집'이라고 써놓았었나 봅니다. 그랬더니 그 뒤로 들어오는 편지들은 모두 번지도 없이 "석판인쇄소 옆집 왕수복 씨"라고 쓰여진 채 배달이 되었던 것입니다. 우편배달부는 한편 난감해하면서도 나를 밉지 않게 놀려대었고 더 난감한 일은 낯선 사내들이 하루에도 여남은 명씩 그 문제의 석판 인쇄소를 찾아와 왕수복이 사는 집을 물었다는 겁니다. 번거로움을 참다못한 석판 인쇄소 주인은 "임자 때문에 우리 인쇄소가 광고는 잘되는지 모르겠소만 도무지 사람이 성가셔서 귀에 못이 박히겠소." 하며 불만을 터뜨렸습니다.[29)]

1937년 폴리돌 레코드 회사를 퇴사하고 나는 꿈에도 그리던 동경 유학길을 선택하게 되었습니다. 처음에는 일본 동경의 음악학교에 입학하였지만, 곧 개인교습을 받는 것으로 방법을 바꾸었습니다. 그리고 순 이태리 계통으로 뻴, 칸토 창법으로는 일본 악단에서 제일의 권위자로 지적되는 벨칸토 성악연구원에서 벨트라멜리 요시코(能子) 여사의 아래에서 지도를 받게 되었지요.

1938년 10월 10일 동경 재류의 조선인 자제로 조직된 중앙소년단에서 기본재산을 만들기 위하여 조선 · 매신 · 동아

舞踊·音樂의밤

中央少年園基本財産얻고저

12月1日·於東京軍人會館

學校消息

성악가로 공연한 왕수복의 '무용·음악의 밤' 기사 『동아일보』 1938. 11.23

가지고 후원으로 12월 1일 밤 "무용과 음악의 밤"을 군인회관에서 개최하게 되었습니다. 무용에는 특히 함귀봉무용연구소 소장 함귀봉(咸貴奉)과 연구생 다수가 출연하며 음악 프로에는 동경음악계에서 활약하고 있는 명 테너 가수 김영길(金永吉)과 신진(新進) 메조소프라노인 내가 출연하였지요.

나는 일찍 폴리돌 회사 유행가수로서 출발하였으나 1937년에 결별하고 그 후 정식으로 성학을 연구하기 위하여 도동(渡東), 벨트라멜리 요시코(能子) 여사 문하에서 공부 중인 신진으로서 소개되었습니다. 이번 조선 전래의 노래를 서양식 창법으로 노래할 터인데 이 같은 시험은 금번이 처음인 만큼 동경음악계에서도 상당히 화제가 되었답니다.[30]

이때 나는 벨트라멜리 요시코 여사 문하에서 조선 전래의 노래를 서양식 창법으로 노래하여 관중의 환영을 받았던 기억을 잊을 수가 없습니다. 그 때 「아리랑」을 가곡조로 불렀던 것이었습니다.

벨트라멜리 요시코 여사는 일본 동경의 우에노 음악학교에서 교편을 잡고 있던 분으로 원래 일본인이었습니다. 예전에 이탈리아의 유명한 소설가이면서 시인이었던 벨트라멜리(Beltramelli, Antonio ; 1873~1930) 씨에게 시집가서 내내 이탈리아에서 지내다가 남편을 사별하고 동경의 음악학교로 온 것이었지요.

나는 조선민요를 서양음악 발성법으로 불러 새로운 나만의 노래로 다시 만들어내고 싶었습니다. 「아리랑」뿐만 아니라 「농부가」에서도 '얼널너 상사 뒤' 하는 바로 그 멜로디나 양산도의 후렴 같은 것은 세계의 어느 나라 민요에서도 찾아볼 수 없는 부드러움과 조선만의 멋이 묻어있다고 굳게 믿은 탓이지요.

이런 내가 "민요를 살리는 것이 그 민중의 전통적 음악을 살리는 첫 길이다."라고 힘주어 말할 때 벨트라메리 요시코 여사도 이렇게 말씀하시었지요.

"제 향토에서 낳아진 노래를 가지고 세계적 성악가가 되어야 합니다. 아무리 이태리 말로 잘 부른대야 이태리 사람이야 따를 길 있겠습니까. 그 뿐더러 제 향토 것이 아니면 정말의 생명의 음악이 생길 수 없는 것입니다."

나는 이 말씀이 모두 다 옳다고 믿었습니다. 그리고 나는 조선의 민요를 세계적으로 올려놓기 위해 동경에서 그다지 교제도 하지 않고, 또 연주회 같은 데 나와 달라고 여러 번 청을 받지마는 모두 다 피하고 오직 이 길에 자신이 서질 때까지 일로정진(一路精進)하려고 마음먹었습니다.

그 당시 오사카 아사히(大阪朝日) 신문에 내 사진과 기사가 실렸지요. 담당 기자가 잠시 평양으로 어머니 1주기 법요(法要)를 지내기 위해 다니러 온 나를 만나러 오기까지 했답니다. 나는 2, 3년간 더욱 성악을 연마해서 조선의 무용을 세계 무대에 소개한 최승희(崔承喜)처럼 조선의 민요를 크게 알리고 싶다는 포부를 말했지요.

성악과 조선민요

왕수복 양, 법요에 귀향

작년 12월 1일 동경 군인 회관에서 개최된 「음악과 무용의 저녁」에 첫 주연을 해서 인기를 끈 성악가의 왕수복 양(평양부 신창리 출신)이 친어머니의 1주기 때문에 돌아왔다.

왕 양은 몇 년 전 반도 유행가계를 풍미해 모레코드 회사 전속이 되었지만 1937년 1월에 유행가와 절연하고 벨트라멜 요

舞踊·音樂의밤

中央少年團基本財產을모고저

12月1日·於東京軍人會館

學校消息

대판조일(大阪朝日) 남선판(南鮮版) 1939년 4월 9일 일요일

시코 여사에 사사를 받아 정식적 성악을 공부하고 있는 가련한 아가씨이다.

평양부 신창리의 왕 양을 방문하면 겸손하면서 말한다.

"이번은 친어머니의 1주기의 제사를 위해 돌아왔습니다. 노래는 수행 중에서 아직도 미완성의 것입니다만 그리고 2, 3년 정도 공부하면 조선에 돌아가고 스테이지에 서고 싶습니다. 최승희 씨가 조선 무용을 살린 것처럼 나는 조선의 민요를 많이 노래하고 싶다고 유의하고 있습니다."

3 성악가, 다른 길에서 만난 두 남자
(1940~1952년 ; 24세~36세)

나의 삶에 파란만장한 또 다른 굴곡이 그려지기 시작한 것은 내 나이 스물네 살이 되던 해였습니다. 지금까지 내 인생에 아프고 저린 추억으로 남아있는 그분을 만났으니까요. 소설 「메밀꽃 필 무렵」의 작가 이효석 선생을 만나게 되었지요. 당시 일본 유학 중이던 나에게 이 선생님은 모든 것을 포기해도 아깝지 않을 만큼 뜨겁고도 여지없는 선택이었습니다. 그래서 그 사람을 떠나 보내고 이렇듯 오랜 세월이 흘러서도 후회는 없답니다. 그 무렵 나는 유행가 인기 가수로 제법 인기를 누리고 있었지만 좀더 고상해지고 좀더 유명해지려는 욕망으로 일본 유학을 떠나 성악공부를 하고 있었습니다. 하지만 말이 좋아서 일본유학이지 세상 시선이 그렇듯 일개 하찮은 기생 주제에 타국에서의 유학이란 산 넘어 산처럼 내 숨통을 조여오고만 있었습니다.

일본은 우리말 사용 금지를 강행하였고 여기에 맞물린 우리말 노래 가사 금지 명령은 결국 나를 은퇴하는 길로 이끌게 되었습니다. 바로 그때, 내 눈에 그리고 마음에 가득 들어와 버린 이 선생님은 너무 큰 운명이고 빛이었습니다. 하지만 흔히 쓰는 팔자소관이라는 말은 이런 걸 두고 하는 말이 아닐는지요. 기구하고 박복한 내 사랑은 만으로 두 해도 채우지 못하고 끝이 나고 말았으니까요. 그분이 없는 하늘 아래 세상은 암흑이었습니다. 그리고 내 인생에 사랑은 이제 더는 없다고 생각했습니다. 물론 김광진 선생을 만나기 전까지는 말입니다. 절대 암흑 속에서 세상을 보는 두 눈마저 잃어가고 있던 나에게 김광진 선생이 다가왔습니다. 마치 밤이 지고 새벽이 밝아오듯 그런 빛을 보여주면서 말입니다. 내 인생에 아직 하나의 사랑이 더 남아있었나 봅니다. 그분을 만나 나는 사랑하는 내 아들, 딸의 어머니가 될 수 있었기에 더 애틋하게 사랑합니다. 나의 조국이 조선 광복과 6.25 전쟁을 치르는 동안 그 사람은 나에게 충분히 든든한 보호자가 되어 주었습니다. 그래서 그는 내 인생의 마지막 남자가 될 수 있었습니다.

그에게 보내는 편지

내 인생의 아픈 사랑에게

- 이효석 선생을 그리워하며 -

내 인생의 아픈 사랑에게

이렇게 시작하려고 하면 혹 당신은 화를 내실는지요. 당신은 나에게 아픔 밖에는 주지 못한 사람이었느냐고 말이지요. 하지만 당신을 사랑했던 만큼 더 지독하게 아프고, 당신을 사랑했던 만큼 더 칠흑같이 어두웠던 내 몸과 마음을 어찌 표현해야 할는지요.

태양이 그대를 버리지 않는 한 나는 그대를 버리지 않겠노라.

파도가 그대를 위해서 춤추기를 거절하고 나뭇잎이 그대를 위해서 속살거리기를 거절하지 않는 동안,

내 노래도 그대를 위해서 춤추고 속살거리기를 거절하지 않겠노라.

휘트먼의 시를 나에게 들려주던 당신은 지금도 고독하고 지

적인 신사의 모습으로 내 눈 안에 가득합니다. 지금도 언제라도 마음만 먹으면 당신을 처음으로 내 마음에 담게 된 평양의 방갈로 다방이 눈앞에 그려집니다. 기껏해야 천하디천한 기생 출신 유행가수의 가슴에 담기에 솔직히 당신은 너무 높았습니다. 하지만 당신을 담아서는 안 된다고 생각하면 할수록 주위의 우정 어린 충고가 더 싫은 소리가 되고, 다방 한 켠에서 서양 고전 음악에 젖어있는 당신의 모습을 외면하려 하면 할수록 당신의 야윈 듯한 모습이 더 아프게만 가슴속으로 헤집고 들어왔지요.

마침내 용기를 내어 당신께 전화를 하기까지 얼마나 오래고 지루하고 가슴 뛰는 시간의 터널을 지나왔는지 짐작이나 하실는지요. 원래부터 책 읽기에 욕심이 많았던 것이 그 때는 얼마나 다행이었던지 모릅니다.

당신과 만나서 대화할 때 나의 지식이 짧아 혹여 답답해 하실까 봐,

고고한 당신의 지적 수준과 내가 걸맞지 않아 말 섞기를 꺼려 하실까 봐,

어쩌다가 당신의 친구들과 함께할 자리라도 있게 되면 천하고 무식한 기생 애인으로 여겨져 당신이 나를 잠시라도 부끄럽게 여기실까 봐…….

나는 당신의 소설 속에 등장하는 유례, 관야, 미란, 세란, 단

주, 현마, 나아자, 운파, 애라는 말할 것도 없으려니와 베아트리체니 헬렌이니 햄릿이니 그레첸이니 알리사에 이르기까지 머리와 가슴 한 켠에 꼭꼭 눌러 담아 당신을 만날 준비 또 준비를 거듭하고 있었지요.

하지만 그러면 뭘 하나요. 당신과의 인연이 그리도 어렵게 시작된 줄을 아는지 모르는지 당신의 학생들은 내 집으로 찾아와 '우리 교수님을 사랑하지 말아주세요' 하며 읍소를 하였으니 말이지요. 그러나 여기에 굴할 내가 아닌 것은 당신도 아시지요. 당신이 건강하지 않기 때문에 사랑하지 말았으면 좋겠다던 학생들에게, 당신은 나의 사랑해야만 건강해질 수 있다는 말로 학생들의 입을 막을 수 있었습니다.

당신과 어울리는 사람.

그게 바로 나이어야만 했고 당신은 내게 그 확신을 주셨지요. 사실 내 얼굴이 오목조목 예쁘장하거나 몸매가 가늘 가늘한 미인형은 아니었지만 당신은 늘 달덩이 같은 환한 얼굴에 포도 알처럼 맑은 눈이라고 칭찬해 주셨지요. 그래서 당신의 야윈 얼굴을 보며 한없이 미안해지기도 심지어는 죄스러워지기도, 한편으로는 살진 내 얼굴을 보고 있노라면 당신 얼굴도 달처럼 차오를 때가 오지 않을까 바라고 믿곤 하였어요.

선생님, 당신은 유일하게 내가 존경하고 사랑하는 분이었습니다. 당신의 귀한 교양과 경력과 인격으로 말하자면 난 감히 당신 곁에 머무를 자격조차 없었겠지요. 하지만 당신이 내 안의 열정과 용기를 사서 사랑으로 만들었고 다시 나를 떳떳한 애인으로 만들어 주셨습니다.

나는 평소부터 소설가 남편을 만나 소설처럼 낭만적인 살림살이를 꾸려보는 것이 소원이었던 것은 당신도 잘 아셨지요. 그리고 꿈처럼 당신을 만나고 나는 잠시지만 당신을 내 꿈의 남자로 잡아두었었지요.

당신은 나를 왜 좋아하셨을까요. 당신은 당신의 돌아간 아내에게서 느꼈던 모습과 향기를 나에게서 느낀 것 같다 하셨지만, 그건 당신이 나에게 쉽게 오는 길이 아니었을까 자만해봅니다. 그래서 나의 지난 과거 속의 세 남자에 대해서도 당신은 너그러울 수 있지 않았나 합니다.

영웅이 이름을 날린대도 장군이 승전을 한대도

나는 그들을 부러워하지 않았노라.
대통령이 의자에 앉은 것도 부호가 큰 저택에
있는 것도 내게는 부럽지 않았노라.
그러나 사랑하는 사람들의 우정을 들을 때 평생
동안 곤란과 비방 속에서도 오래오래 변함없이,
젊을 때나 늙을 때나 절조를 지키고 애정에

넘치고 충실했다는 것을 들을 때

그 때 나는 머리를 숙이고 생각하노라.

부러워서 못 견디면서 황급히 그 자리를 떠나노라.

당신을 볼 수 있는 동안 나는 아무 것도 부럽지 않았습니다. 다만 당신을 진작에 만나지 못했던 것만이 원통하고 또 원통했지요.

그런데 나는 그런 당신을 남겨두고 정말 바보 같은 짓을 하고 말았었지요. 그깟 옷가지들이 뭐 길래, 내 하찮디 하찮은 짐들이 무엇이길래 당신을 두고 동경으로 갔었는지…….

그 때 당신과 잠시라도 떨어져 있지 않았더라면 당신 건강이 그리 악화되지도 않았을 것을.

그리워하는 마음에 더 병들게 하지도 않았을 것을.

그 옷가지들을 모두 던져버리고 그림 같은 당신 모습 앞에 그냥 그림자처럼 묻어 있을 것을…….

지금도 당신의 피아노 연주 소리가 바람결인 듯 내 귀를 추억 속으로 이끌고 갈 때면 나는 어김없이 당신의 따뜻한 등 뒤에서 슬픈 새처럼 노래를 부릅니다.

나는 그대에게 한 가지 약속을 하노라. - 그대가 나를 만났기에 적당한 준비를 하기를 나는 요구하노라.

내가 올 때까지 성한 사람이 되어 있기를 요구하노라.

그 때까지 그대가 나를 잊지 않도록 나는 뜻 깊은 눈초리로 그대에게 인사하노라.

당신은 나에게 읊어주셨던 이 시의 약속을 지키지 못하셨지요. 나도 당신의 세 아이를 살뜰히 보살피고 알뜰한 새댁처럼 당신과 살림을 살겠다던 약속을 지키지 못하였습니다.

그래서 더 미안합니다.

그래서 더 보고 싶습니다.

그래서 아직도 사랑합니다.

내 인생의 아름다운 사랑에게

다시 이렇게 고쳐 부릅니다. 이렇게 부르면 화가 조금 풀리실는지요. 지금 내 머리에 흰 서리 내리고 기운 적어진 목소리 가늘게 떨리지만 당신을 마지막 보내던 그 때의 마음으로 진정으로 사랑합니다. 이것으로 내가 이 세상을 떠나 당신을 만나러 가기 위한 용서를 받을 수 있을는지요.

그리고 몇 생이 지나 우연의 한 길목에서 당신을 만나더라도 그 때는 꼭 놓치지 않으리라. 그렇게 헤어지지 않으리라.

내 가슴은 알고 있습니다.

어디에고 그 때부터 다음 생은 없다는 것을…….

4 두 번째 전성기, 북한 민요가수 여신
(1953~1965년 ; 37~49세)

가수의 전성기는 평생 한 번 오기도 어려운데 나는 두 번씩이나 왔답니다. 참 운이 좋은 편입니다. 휴전이 된 해부터 북한 중앙라디오 방송 전속 가수가 되었지요. 그 덕분에 북한 '조선해방 10주년 경축 예술단'으로 참가하여 당시 소비에트연방 각지를 다니면서 공연을 했어요. 특히 우즈벡 타슈켄트와 카자흐스탄 알마티 공연은 나를 조선 가요의 여신(女神)으로까지 일컬었답니다. 민족의 아픔을 간직한 소비에트연방의 우리 민족, 고려인들은 우리말을 잊어버려도 우리의 정서와 감정을 그대로 간직하고 있었어요. 그때 불렀던 「봄맞이 아리랑」은 추야월의 작사와 이면상의 작곡으로, 그 곡의 선율이 지금도 떠오르곤 합니다.

아리랑 넘는 길 몇 만 리던가
가며는 오지도 못 하는가요

아리랑 스리랑 마음이 변해서 소식 없나요
아리 아리 얼싸 스리 스리 얼싸
아리랑 고개는 님 가신 고개

편지가 왔기에 읽어 나보니
마음이 깊어서 못 오신다나
아리랑 스리랑 밤마다 꿈에서 나를 본대요
아리 아리 얼싸 스리 스리 얼싸
아리랑 고개는 님 오실 고개

귀국한 후로는 북한 중앙 TV 민요 가수로 가장 유명한 민요 가수로 알려졌답니다.

1953년 조선전쟁이 끝나고 11월 7일 러시아 '시월혁명 36주년 기념 경축 모임'이 모란봉 극장에서 있었습니다. 나는 그곳에 남편 김광진과 함께 부부 동반으로 참석하였습니다. 그 경축 모임이 시작되기 직전, 남편은 복도에서 우연히 만난 문화선전상 부상 정율(鄭律)에게 나를 소개해주었습니다.

"정 부상 동지, 저의 처 왕수복입니다. 오랫동안 가정생활에 파묻혀 있었는데 다시 노래를 부르고 싶답니다."

남편은 웃으면서 말하였지만 나는 내심으로 놀라면서도

남편에게 고마운 마음이 들었습니다. 그 때 나를 처음 보았던 정율은 나의 첫인상을 '몹시 인자하고 아름다운 여인' 으로 남겨두었다고 합니다.

문화선전상 부상 정율은 본명이 정상진으로 나보다 한 살 아래였습니다. 러시아 연해주 블라디보스토크에서 태어난 그 분은 어린 시절 조선족 학교에서 한글과 한문을 익혔답니다. 중학교를 졸업한 뒤에는 1937년 중앙아시아로 강제 이주 당하여 1940년에 카자흐스탄 크질오르다 사범대학 어문학부를 졸업하였습니다. 1941년 처음으로 『레닌기치』에 시 작품을 발표한 뒤 「시인과 현실」, 「로멘찌즘에 대하여」 등의 평론을 통하여 문단에 올랐다고 합니다. 1945년 8월에 소련군 태평양 함대 해병대 소속 장교로서 나진, 웅기, 청진, 원산 해방 전투에 참가하고, 광복 뒤에는 원산시 인민위원회 교육부차장을 지냈답니다. 그 후 문예총 부위원장(1946~1948)과 김일성종합대학 러문학부장(1948~1950)을 거쳐 문화선전성 제1부상(1952~1955)을 지냈을 때 나와 만나게 된 것입니다.

그 뒤 나는 중앙라디오 방송위원회 전속 가수가 되어 출연하게 되었고 대중의 사랑과 찬사를 받는 가수로 다시 태어나게 되었습니다. 그 때부터 나는 정율의 문화선전상 사무실에 자주 찾아갔고 여러 가지 사업상의 문제나 사적인 문제들까지 의논하게 되었습니다.

그러던 중 1955년 8월에 조선 해방 10주년 행사준비가 본격적으로 시작되었습니다. 북한에서는 소련에 해방 10주년 경축 예술단을 파견하기로 결정하고 문화선전상 부상 정율이 그 단장으로 임명되었습니다.

소련으로 파견할 예술단은 모두 18명을 선발했는데, 가야금 명인 정남희, 유은경, 최승희의 딸 안성희, 그리고 나 왕수복이 포함되어 있었습니다. 예술단은 모스크바, 상트페테르부르크, 타슈켄트, 알마티, 노보시비르스크시에서 경축 공연을 열었습니다.

8월 10일부터 시작된 한 달 동안의 순회공연 기간 동안 단원들은 한 가족처럼 가까워졌습니다. 특히 단원들은 나의 말솜씨를 좋아했는데 그들은 내 이야기가 마치 노래 같아서 때로는 처량하게, 또는 우울하게 그리고 때로는 쾌활하게 흐르는 노랫소리 같다고들 이야기하곤 하였습니다. 하지만 내가 새처럼 재잘대는 동안 마냥 편한 마음이 될 수 있었던 것은 아니었습니다.

모스크바 예유로파 여관에 조선 예술단이 머물고 있었을 때였습니다. 나는 내 노래에 대한 불안감에 대해 정율 부상과 솔직한 대화를 나누게 되었습니다.

"어쩐지 정 부상 동지가 나올 것 같아서요……. 잠도 안 오고 마침 잘 됐어요. 여기 앉아보세요. 정 부상 동지, 나는 매번 공연이 끝날 때마다 절망하게 되어요. 다른 배우들한테는 박수가 쏟아지는데 나는 제대로 된 박수조차 받기가 힘드니……. 이런 절망은 처음이예요. 차라리 오지 말아야 할 걸 그랬나 봐요…….” 하고 내 심정을 털어놓았지요.

사실 당시의 러시아 사람들은 조선 민요를 받아들이기에는 무리가 없지 않았습니다. 아무리 내가 화려하게 ‘꽃 타령’, ‘울산 타령’, ‘봄맞이 아리랑’을 뽑아내어도 그들은 도무지 나의 레퍼토리에 반응이 없었으니까요.

그러자 정율은 이렇게 나를 위로하였습니다.

“이제 타슈켄트와 알마티에 가면 왕수복 씨가 박수란 박수를 모두 독차지하게 될 거요. 정말이오. 그 곳은 모두 조선 관객들뿐이니까…….”

그래도 관객들에 대한 나의 서운함은 쉽게 가시지 않았습니다.

“가요무대에서 20여 년을 살았어도 이런 냉대는 처음이예요.”

그런 일이 있고 나서 1955년 8월 20일, 타슈켄트에서 가장 큰 나보이 명칭 오페라 극장에서 조선 예술단을 환영하는 우즈베키스탄공화국 당과 정부의 환영 대회가 있었습니다. 그 대회에는 당과 정부의 고위급 지도자들이 전원 참석한 각별한 자리였습니다.

공식 환영 예식이 있고 나서 조선 예술단과 우즈베크 예술인들의 합동 공연이 관객들의 절찬 속에서 성대히 진행되었습니다. 이 대회에는 우즈베키스탄에 거주하는 조선인들도 다수 동참하였었지요. 이 공연에서 비로소 나는 뜨거운 박수갈채를 받았고 앙코르 요청도 여러 번 받았었지요.

8월 21일에는 타슈켄트 시대 음악실에서 공연이 있었습니다. 이곳에서는 조선 사람들로 만원을 이루어 표가 없어 장내에 입장할 수 없는 조선인만 해도 천여 명에 달하였다고 합니다. 그래서 주최 측은 공연장 밖에 확성기를 걸고 입장하지 못한 관객들을 위한 배려를 보여주기도 하였답니다. 역시 조선 사람의 노래는 조선 사람에게 가장 매력적인가 봅니다.

막이 열리고 18명의 예술인들이 무대에 모습을 드러내자 장내에서 터져 나왔던 그칠 줄 모르던 박수와 환호를 나는 지금도 잊을 수 없습니다. 이 공연에서 나는 조선 민요, 조선 가요의 여신 대접을 받았고 미련 없이 박수와 환호를 독점할 수 있었습니다. 무대에 서 보지 않은 사람은 느낄 수 없을 것입니다. 박수갈채와 환호 속에서 내가 얼마나 더 아름다워질 수 있는지, 또 나의 미소가 마법처럼 관중들의 마음속에 따뜻하게 스며드는 것 같은 그런 기분을.

한번은 이런 적도 있었습니다. 여러 번 앙코르 요청을 받고 무대에 다시 모습을 나타냈을 때 한 관객이 꽃다발을 들고 무대에 올라와서 내 앞에 엎드려 절을 하면서 손수건으로 눈물을 닦는 것이었습니다. 그 때 천여 명의 관중들이 함께 일어서서 박수와 환호가 다시 쏟아져 나왔습니다. 그것이 바로 내 인생에서 최고 표창이며 월계관이었습니다.

정율은 당시 상황을 다음과 같이 술회했다고 합니다.

"신비로운 것은……, 소련 조선족은 20% 이상이 동화되어 모국어를 모르는 처지인데 조선 민요, 조선 무용을 보았을 때 보여준 그들의 환호, 열광적인 박수갈채는 무엇이었는가 하는 것이다. 아마도 민족의 얼은 피와 함께 흐르는 모양이야……."[31]

당시 어떤 탄압으로나 어떤 말살 정책으로도 민족정신은 죽일 수 없다는 것을 이번 순회공연에서 다시 한 번 느끼면서

舞踊·音樂의 밤

中央少年團基本財團얻고저

12月1日·於東京婦人會館

學校消息

『조선일보』 1965. 5. 10일자 「색연필」에 등장한 왕수복 기사

너무나 긍지가 생겼지요. 특히 타슈켄트, 알마티에서의 순회 공연은 우리 배우들에게 해외 조선족들의 애족 정신을 느낄 수 있게 하였습니다.[32)]

알마티에서의 공연도 역시 나의 세상이었습니다. 노보시비르스크에서의 공연은 모스크바나 레닌그라드와 별반 다를 게 없었지만 나의 기분은 타슈켄트나 알마티에서 받았던 감명에서 아직 깨어나지 못하고 있었습니다. 덕분에 공연의 마지막까지 우리 일행은 즐거운 기분을 가지고 돌아갈 수 있었습니다.

하지만 문화선전성 부상 정율은 1955년 이후 종파투쟁의 소용돌이에 휘말려 1957년 소련으로 귀환을 당했지요. 그 뒤 카자흐스탄 공론국에서 활동했다가 여러 해 동안『레닌기치』신문사에서 근무했다는 소식을 들었습니다. 현재도 카자흐스탄 알마티 시에서 문필 활동을 계속하고 있답니다.

귀국한 1955년 10월에 국립교향악단 가수로 처음으로 김일성 주석이 참가하는 '1호 행사'에 참가하게 되었지요. 그날 공연에서 우리 민족의 생활감정이 풍만하게 담겨 있는 민요「긴아리랑」을 불렀습니다. 내 노래가 끝날 때마다 김 주석은 만면에 환한 미소를 담고 제일 먼저 박수도 보내주고 재청도 해주었습니다. 더구나 곁에 앉은 외국손님들에게 "저 동무는 오랜 예술인인데 노래를 잘 부른다고, 저 동무의 노래는 민족적 감정이 풍부해서 좋다"고 말도 해주었습니다. 그 덕분인지 몇 년 지난 후에는 공훈배우가 되었지요.

1959년 1월 '1호 행사' 새해 경축공연 때에는 김 주석이 "조선 사람은 조선노래를 들어야 구수하고 듣기가 좋다고, 왕수복 동무의 노래는 우리 인민들이 다 좋아하니 연구해볼 필요가 있다"고 까지 했답니다. 그해 비로소 당원이 되어 공훈배우가 되었습니다.

한국 언론에 우연찮게 내 사진이 공개됩니다. 바로 1965년 5월 10일 판문점을 관광하던 우리 부부가 유엔 측 언론에 사진 촬영과 대화 내용이 소개되었던 것이었죠.

5 체제 선전을 위한 삶의 마무리 (1966~2003년 ; 50~86세)

북한에서의 음악계는 집단 체제 창작을 중심으로 삼아 개인적인 창작으로 독창회를 여는 것은 큰 영광일뿐더러 아주 드문 경우입니다. 나이 팔십에 민요 독창회를 열어, 거의 증손녀 정도나 되는 소녀 민요가수와 함께 공연한 것은 더욱 괄목한 만한 일이지요.

어쩌면 사회주의 사회에서 독창회를 열어준 것만이라도 최고의 영광이고 체제 선전의 최대한 홍보를 기대할 수 있다고 여긴 모양입니다. 그 덕분에 1970년대 이후 민요가수 활동을 거의 하지 못한 것을 보상받은 셈이 되었지요. 짧은 이야기이지만 들어 봐 주세요.

50대의 왕수복 사진

북한은 한국전쟁 직후인 1954년부터 조선작곡가동맹 중앙위원회가 나서서 일제 때 나온 유성기 음반과 생존한 민요 소리꾼들을 찾아내 이들의 소리를 채보, 채록하는 작업을 진행하였습니다.

젊은 민요가수들이 부른 전통 민요도 포함되었지요. 나를 비롯하여 선우일선, 홍탄실, 계춘이, 신우선, 김순희, 김정화, 장종철 등이 부른 민요가 그것입니다. 각 지역의 전통적인 민요 창법을 따르지 않고 서양식에 가까운 창법을 구사하였답니다.

지금도 잊히지 않는 1972년 4월 초, 희천의 1만 대 공작기계 생산 공장에 경제선동을 했습니다. 경제선동에서 부르는 것 중에 노동요도 차지하는 부분이 큽니다. 사실 노동요는 노동 생활 과정에서 창조되고 불리던 노래로 우리나라의 다양하고 풍부한 문화유산 가운데 과반수를 차지하고 있습니다. 이는 노동생활이 우리 민족의 사회생활에서 기본 분야를 차지하고 있기 때문이지요. 노동요는 사람들의 작업 동작과 사상 감정을 하나로 통일시켜 주고 노동의 피로를 덜고 어렵고 힘든 일을 보다 흥겹게 하도록 함으로써 노동 능률을 높이는데 커다란 역할을 해왔습니다. 그렇기에 경제 선동의 노래로는 제격이지요. 당시 공장에 찾아온 김 주석이 기념 촬영에 앞서 나를 찾기도 했지요.

1997년 4월에 김정일 국방위원장에게 받은 생일상

김 주석은 외국 수반들과 일본 조총련들에게 공훈 배우인 나를 소개해주었습니다. "조선의 이름난 가수인데 영원히 당을 받들고 조국에 복무하려고 하는 혁명화된 예술인이다."

국가수훈의 영예도 받고 환갑날에는 환갑상까지 보내주었습니다. 김정일 국방위원장도 나의 생일날을 잊지 않고 1997년 4월에 여든 생일상을 보내주었습니다.[33)]

워낙에 민요형식과 군중가요를 좋아했던 김정일 국방위원장은 내 노래에 민족감정이 풍부하다는 평가를 했었고 노래를 잘 부르는 오랜 예술인으로 대우해 주었습니다.

그리고 그해 6월의 단오날에도 나는 힘을 다해 「어화 우리 농민들아」, 「조선팔경가」, 「긴아리랑」, 「능수버들」 등을 불

1997년 6월 왕수복 민요독창회 실황 모습 사진

렀습니다.

「조선팔경가」는 원래 선우일선이 부른 노래이지만, 이제는 내가 그것을 북한에서는 부르고 있습니다.

에 금강산 일 만 이천 봉마다 기암이요

백두산 높아 높아 창공에 솟았구나

에헤야 좋구나 좋다 지화자 좋구나 좋다

명승의 이 강산아 자랑이로구나

에 총석정 해돋이는 못 보면 한이 되고

동해의 푸른 물은 볼수록 유정하다

에헤야 좋구나 좋다 지화자 좋구나 좋다
명승의 이 강산아 자랑이로구나

에 여름의 부전고원 녹음이 우거지고
평양은 금수강산 행복의 낙원이라
에헤야 좋구나 좋다 지화자 좋구나 좋다
명승의 이 강산아 자랑이로구나

「능수버들」은 내가 북한에서 자주 불렀던 민요로 가장 좋아하는 노래이기도 합니다.

임진강 북녘에 능수나 버들은
봄바람 타고서 춤을 추고요
해마다 풍년인 우리네 살림
봄노래 부르며 밭갈이 가네

송악산 마루에 소나무 푸르러
흰구름 아래에 백학이 날구요
우리네 마을에 풀피리소리
아이도 좋아라 봄을 부르네

「왕수복 민요독창회」에서 「뻐꾸새」를 부르고 있는 왕수복 사진

1997년 6월 왕수복 민요독창회 실황 모습 사진 02

강남의 제비도 홍에 겨워서
봄바람 타고서 나들이 온다네
긴사래 밭가는 한 집안 식구
이 아니 좋은가 춤을 추누나

앞에서도 이미 밝혔지만, 사회주의 사회에서 독창회를 열어준 것은 최고의 영광일뿐더러 아주 드문 경우입니다. 아마도 체제 선전의 최대한 홍보를 기대할 수 있다고 여긴 모양입니다. 그 덕분에 1970년대 이후 민요 가수 활동을 거의 하지 못한 것을 보상받은 셈이 되었지요.

「포곡성」은 추야월의 작사와 이면상의 작곡으로 유명한 히트곡이 되었습니다.

봄바람이 가벼웁게 불고요
붉은 꽃이 아릿다이 피는데
이산에서도 뻐꾹뻐꾹
저산에서도 뻐꾹뻐꾹
뻐꾹새가 날아 든다
이산에서도 뻐꾹뻐꾹
저산에서도 뻐꾹뻐꾹
이 강산에 풍년이 온다네

이 강산에 풍년이 온다네

봄바람이 버들잎을 날리며
이화도화 방긋이 웃는 봄
이산에서도 뻐꾹뻐꾹
저산에서도 뻐꾹뻐꾹
금수강산 좋을시구
봄노래하며 뻐꾹뻐꾹
짝을 지어서 뻐꾹뻐꾹
이 강산에 풍년이 온다네
이 강산에 풍년이 온다네

그리고 내 나이 여든에 독창회를 여는 드문 행운도 안았지요. 일반적으로 독창회는 가수가 활동하는 전성기에 갖기 마련인데 80 고령의 노가수가 2대, 3대 제자들과 함께 출연하는 이례적인 독창회였습니다. 사람들이 흔히 말하는 인생의 황혼기는 어김없이 나에게도 찾아왔지만 두고두고 내 생에 이어지는 듯한 내 노래에 대한 대중의 사랑은 나 자신을 행운아로 느껴지게 하기에 충분하였습니다.[34)]

민요 「룡강기나리」는 "조개는 잡아다 젓저리고 / 가는 님 모셔다 정들여살자 / 바람새 좋다구 돛달지 말구 / 몽금의 포

왕수복 민요독창회에서 「룡강기나리」를 부르고 있는 왕수복과 그 제자들

구에 들렸다가소"로 시작됩니다. 이 민요는 17~19세기 평안남도 룡강과 강서 지방에서 널리 보급된 노동서정민요이지요.

민요 「룡강기나리」는 유창하고 구성진 이 지방의 「기나리」 곡조와 흐늘어지고 무곡적인 이 지방의 '타령' 곡조가 이어진 연쇄곡 민요입니다.

서도민요의 우수한 특징들을 내포하고 있는 「룡강기나리」의 곡조는 흐르는 세월과 함께 우리 민족의 생활 속에 깊이 널리 보급되는 과정에 모내기와 김매기, 풀베기와 나무베기 그리고 물레질 등 노동이 진행되는 곳이라면 그 어디서든지 사랑을 받으며 불리워왔습니다.

세월이 좋아 아 정든 땅에
새 살림펴고 잘 살아 보자

1997년 6월 왕수복 민요독창회 실황 모습

연분홍 저고리 남깃소매
너 입기 좋구 나보기 좋드라
얼씨구 절씨구 지화자 좋구나
옥토벌전야에 풍년새날 구
우리네 살림엔 웃음 꽃 피누나
얼씨구 절씨구 지화자 좋구나

한줌 두줌 모를 내니
노래 소리가 저절로 나누나
얼씨구 절씨구 지화자 좋구나

내일도 모래도 우리 김내는 데
건너 마을 젊은이들 김매려 오려마
얼씨구 절씨구 지화자 좋구나

지금도 잊을 수 없는 첫 곡 '룡강 기나리'는 제자들과 함께 불렀었고 이어 독창으로 「어화 우리 농민들아」, 「매화타령」, 「꼴망태」, 「뻐꾹새」 등을 불렀었지요. 세월이 흐르고 내 머리에 백발은 내렸지만 나는 스스로 세월을 잊으며 노래를 불렀습니다. 혹시라도 중간에 가사를 잊어버리지나 않을까 염려하지 않은 것도 아니었지요.

하지만 내 노래에 내가 젖고, 나를 바라보던 관객들도 흥에 젖어 나는 거뜬히 넘길 수 있었습니다. 나의 독창회에서 특별하게 객석의 관심을 모은 것은 11살짜리 꼬마 민요가수 최신애였습니다. 세상에 근심 없는 얼굴과 고운 목청으로 민요 「도라지」를 한껏 뽑아낸 최신애는 내 마음마저 편안하게 해주었습니다.[36)]

고령의 가수 왕수복과 소녀 가수 최신애,

구세대와 신세대의 가수를 한 자리에서 바라보던 관중들은 우리 민족 음악이 훌륭하게 세대교체가 되어가고 있음을

1997년 6월 「왕수복 민요독창회」에서 가족들에게 화환을 받고 있는 모습

느꼈을 것이라 자부하고 싶습니다.

북한에서는 2000년대 들어 '민족수난의 노래' 또는 '계몽기 가요'라는 명칭으로 '낙화유수', '타향살이', '홍도야 울지마라' 등 신민요, 유행가와 같은 해방 이전의 흘러간 옛 노래 모음집을 발간한 바 있습니다.[35] 물론 나의 노래가 빠질 수 없지요.

내 나이 86세를 일기로 사랑하는 내 노래와 함께 내 한 몸은 이듬해 애국열사릉에 묻히게 되었습니다. 하지만 쟁쟁하던 내 노랫소리만은 묻을 수 없었을 겁니다. ……

왕수복 연보

1917년 1세

4월 23일 평안남도 강동군 입석면 남경리에서 화전민의 막내로 출생하다. (지금의 평양직할시 서구역 호남리) 본명은 왕성실(王成實), 장수와 복을 바라는 뜻으로 할머니가 지어준 이름이 '수복(壽福)' 이다.

1918년 2세

아버지 별세로 모친과 삼 남매는 평양 시내 이모 집으로 옮겨가다.

1923년 7세

교회당에서 운영하던 유치원에 일하는 어머니를 따라다니다.

1924년 8세

명륜여자공립보통학교(明倫女子公立普通學校) 입학하여 윤두성(尹斗星)의 지도를 받다.

1926년 10세

명륜여자공립보통학교 3학년이 되지만, 학비를 내지 못하여 퇴학을 당하다.

1928년 12세

3월에 평양 기성(箕城) 권번(券番)의 기생학교(3년제) 입학하다. 소리는 김미라주, 이산호주 등의 지도를 받다. 거문고는 유대복의 지도를 받다. 그림은 수암(守巖) 김유탁에게서 배우다. 서화가 출중한 평양 명기(名妓) '9인 선수(選手)' 중 한 명으로 특히 대국(大菊)을 잘 그리다.

1931년 15세

2월에 평양 기성권번의 기생학교(3년제) 우등 졸업하다. 평양 기성권번의 기생학교 김미라주 선생의 실습 조교(일명 '새끼선생')를 2년 동안 하다.

1932년 16세

평양 기성권번의 기생으로 이름을 날리다. 서선명창대회(西鮮名唱大會) 참가하다. 남몰래 서도 민요를 바탕으로 대중적인 유행가 연습을 하게 되다.

1933년 17세

기생 출신으로 창작가요 첫 레코드 취입 가수가 되다. 5월 콜롬비아 레코드에서 '울지 말아요', '한탄' 취입하다. 논란 끝에 폴리돌 레코드사의 전속이 되어 '고도의 정한', '인생의 봄' 취입하다. 당대 최고의 판매량을 기록하다.

1934년 18세

1월 8일 경성방송국(JODK)에서 이왕직아악부(李王職雅樂部)의 아악 연주와 경성방송국 오케스트라의 반주로 왕수복(王壽福)의 노래가 일본에 처음으로 중계 방송되었다. 이후 창 · 민요 · 동화 및 한국의 역사와 풍속 등이 일본에 중계 방송되었다.

1935년 19세

3월 잡지 「삼천리」 '가희(歌姬)의 예술 연애 생활' 주제로 인터뷰하다. 문사(文士)부인을 꿈꾸다. 전국 순회공연에서 중국 · 일본 공연으로 인기스타가 되다.(선우일선, 김용환 등 폴리돌 전속가수들 동행) 8월 26, 27일 〈포리돌 전속예술가 실연(實演)의 밤〉 공연을 하다. 10월 6, 7일 〈포리도-루 전속예술가 실연의 밤〉 공연을 하다. 잡지 『삼천리』 주최 레코드 가수 인기투표 전체 1위를 하다. 일본 '유학'의 뜻을 구체화하다. 기성권번의 기적을 반납하다.

1936년 20세

동경의 음악학교 입학하여 이탈리아 음악체계를 배우다. 우에노(上野) 동경음악학교의 벨크라메리(이탈리아 성악가)에게서 개인 교습을 받다.

1937년 21세

〈폴리돌〉 레코드와의 결별하고자 하다. 다른 레코드 회사의 여러 제안을 거절하다.

1938년 22세

일본 동경군인회관 '무용음악의 밤' 공연(12월 1일)을 하다. 조선 · 매신 · 동아일보 후원으로 함귀봉(咸貴奉)무용과 테너 가수 김영길(金永吉)과 함께 메조소프라노로 출연하다. 최초로 조선 전래의 노래를 서양식 창법으로 노래하여 상당한 화제가 되다.

1939년 23세

4월 잡지 「삼천리」 '이태리 가려는 왕수복 가희(歌姬)' 주제로 인터뷰하다. 이탈리아 유학 준비를 하였고, 최승희의 예술처럼 세계로 나아가고 싶다. 4월 9일 오사카 아사히신문(大阪朝日)과 인터뷰를 하다.

1940년 24세

커다란 전환점이 언니가 운영하던 평양 '방가로(放街路)' 다방에서 꿈은 현실로 이루어지다. 이효석과의 운명적 만남과 그 연인이 되다. 이효석 제자들의 방문을 당차게 극복하다.

1941년 25세

이효석과 불꽃같은 사랑을 나누다. 이효석은 그 사랑 이야기를 자전적 소설 「풀잎」에 남기다.

1942년 26세
이효석의 병간호로 심신이 수척해지다. 결국 임종을 지킨 여인이 되다. 조선민요도 일본어로 부르라고 강요한 일제 강점기 말기에 친일음악인이 되지 않고자 음악 예술계를 은퇴하고자 한다.

1945년 29세
의도하지 않게 유부남 김광진과 약혼한 여류시인 노천명 사이에 삼각관계를 이루다. 결국 김광진을 쟁취하다.

1947년 31세
14살 연상의 김광진과 살다, 월북의 오해를 낳다. 평범한 가정살림으로 살아가다.

1950년 34세
한국 전쟁에서 남편 김광진의 그늘과 볕은 안전하면서 따뜻하다.

1953년 37세
모란봉 극장에서 열린 러시아 10월 혁명 36주년 경축모임에 부부 동반하여, 문화선전성 제1부상 정율을 남편 소개로 알게 되다. 그 후 중앙라디오 방송위원회 전속 가수가 되다.

1955년 39세
3월 국립 교향악단 성악가수가 됨. 7월 초 김일성과의 처음 만나다. 8월 10일부터 한 달간 소련으로 파견되는 조선 해방 10주년 경축 예술단에 소속되다. 모스크바, 상트페테르부르크, 타슈켄트, 알마티, 노보시비르스크 등 경축 공연하다. 타슈켄트에서 '배꽃 타령', '울산타령', '봄맞이 아리랑' 등으로 조선 가요의 여신(女神)이 되다. 예술단은 정남희, 유은경, 안성희

(최승희의 딸) 등 참가하다.

1959년 43세

1월 새해경축공연에 참가하여 노래를 부르다. '어화 우리 농민들아', '조선팔경가' 등을 부르다. 공훈배우 칭호를 받다.

1961년 45세

선전 예술운동 참여하다.

1963년 47세

북한 TV에 출연하여 노래를 부르다.

1965년 49세

5월 11일 판문점에 관광하던 남편 김광진과 함께 유엔 측 언론에 사진 촬영 및 소개되다(조선일보 「색연필」).

1972년 56세

4월 초 '1만대공작기계생산고지'를 달성한 희천 공장에서 경제선동을 하다. 그 당시 방문한 김일성의 아낌없는 칭찬을 받다.

1973년 57세

7월 남편 김광진이 김일성훈장을 받다. 8월 기양트랙터공장 확장공사 건설장에서 10개월간 경제선동을 하다. 김정일이 국가수훈을 받도록 해 주다.

1977년 61세

4월 23일 김정일이 '환갑 생일상'을 보내주다.

1981년 65세

9월 남편 김광진 세상을 떠나다. 전처 자식 김성순은 조선인민군협주단 성악중창조 국립 예술극장 소프라노가 되다.

1983년 67세

'윤이상음악연구소' 에서 '민요가수' 활동.

1987년 71세

4월 23일 김정일이 '칠순 생일상' 을 보내주다.

1992년 76세

'윤이상음악연구소' 명예가수가 되다.

1997년 81세

4월 23일 김정일이 '팔순 생일상' 을 보내주다. 6월 9일 윤이상음악당에서 왕수복의 민요독창회가 열리다. '룡강기나리', '어화 우리 농민들아', '매화타령', '꼴망태', '뻐꾹새' 등을 제자들과 부르다.

2003년 86세

6월 세상을 떠나다.

2004년

4월 북한 국립묘지 '애국열사릉' 으로 이장되다.

가족 관계

남편 ; 김광진(金洸鎭, 1903~1986)

보성전문학교 경제학 교수

김일성종합대학 경제학부장

첫째 ; 김성순(전처 소생)

북한 평양무용음악대학 성악교원

둘째 ; 김정귀(金貞貴)

셋째 ; 김세왕(金世王)

북한 도시경영성 조선원예중심국장

노래 작품 목록 ; 79곡 취입

17세

〈콜럼비아 레코드 취입 음반〉 =〉 총 9곡

날짜	장르	곡명
1933. 7. 30	유행가	① 恨歎(40441A) 杉田良造 편곡
	유행가	② 울지 마러요(40441B) 杉田良造 편곡
1933. 8. 20	신민요	③ 新 방아타령(40449A) 박용수 작곡
	유행가	④ 月夜의 江邊(40449B)
1933. 9. 22	유행소곡	⑤ 워디부싱(40455A) 尹榮祐 작사 작곡
	유행소곡	⑥ 蓮밥 따는 아가씨(40455B) 尹榮祐 작사 작곡
1933. 10. 20	유행가	⑦ 浿城의 가을밤(40459B) 朴龍洙 작사 작곡
	유행가	⑧ 望鄕曲(40463A) 朴龍洙 작사 작곡
1933. 11. 20	유행가	⑨ 生의 恨(40470A) 朴龍洙 작곡

〈폴리돌 레코드 취입 음반〉 =〉 총 68곡

날짜	장르	곡명
1933. 10. 2	신유행가	1) 孤島의 情恨 (19086A)X511B 재발매 青海 작사 全基玹 작곡
	유행가	2) 人生의 봄 (19086B) X516B 재발매

朱大明 작사 朴龍洙 작곡

1933. 10. 21 유행가 3) 젊은 마음(19088A)

青海 작사 全基玹 작곡

유행가 4) 술 파는 少女(19088B)

李大客 작가 金冕均 작곡

1933. 11. 20 유행가 5) 春怨(19094A)

朱大明 작사 全基玹 작곡

유행가 6) 외로운 꽃(19094B)

全基玹 작사 · 작곡

신민요 7) 最新 아리랑(19095B)

(김용환 합창)

1933. 12. 20 유행가 8) 追憶의 哀歌(19101A)

朱大明 작사 朴龍洙 작곡

유행가 9) 大同江은 조와요(1910B)

金曙汀 작사 · 작곡

18세

1934. 1. 22 유행소곡 10) 어스름 달 밤(19109A)

朱大明 작사 朴龍洙 작곡

유행가 11) 언제나 봄이 오랴19110A)

1934. 2. 20 유행가 12) 青春懷抱(19117A)

全基玹 작사 · 작곡

유행가 13) 그리운 故鄕(19118B)

朱大明 작사 朴龍洙 작곡

1934. 4. 20 유행가 14) 못 니저요(19130A)

왕평 작사 전기현 작곡

1934. 5. 11 유행가 15) 봄은 왓건만(19122A)

전기현 작사 · 작곡

유행가 16) 그 어데로(19122B)

전기현 작사 · 작곡

1934. 5. 18	신민요	17) 朝鮮打令 (19133A)
		(김용환, 윤건영 합창)
		이하윤 작사 김용환 작곡
	신민요	18) 그리운 江南(19133B)
		(김용환, 윤건영 합창)
		김석송 작사 안기영 작곡
	유행가	19) 눈물의 달(19135A)
1934. 5. 20	유행가	20) 봄노래(19136B)
		(윤건영과 중창)
1934. 6. 20	유행가	21) 青春을 차저(19142A)
		(김용환 합창)
		왕평 작사 林碧溪 작곡
	향토민요	22) 개나리 타령(上 · 下)(19141A · B)
		(윤건영 합창)
		金素雲 작사 李冕相 작곡
1934. 7. 20	유행가	23) 青春恨(19146A)
		林永昌 작사 김면균 작곡
	유행가	24) 새길 것는 날(19146B)
		(箕城券番 王壽福)
		김영환 작사 · 작곡
1934. 8. 21	유행가	25) 夢想의 봄노래(19153A)
		남궁랑 작사 박용수 작곡
	유행가	26) 그 女子의 半生(19153B)
		왕평 작사 전기현 작곡
1934. 10. 20	유행가	27) 順愛의 노래(19161B)
		金正好 작사 임벽계 작곡
1934. 11. 20	신유행가	28) 래일 가서요(19164A)
		金正好 작사 李冕相 작곡
1934. 12. 20	유행가	29) 王昭君의 노래(19166B)

趙靈出 작사 김범진 작곡

19세

1935. 1. 20	유행가	30) 南洋의 한울(19174A)
1935. 2. 20	유행가	31) 바다의 處女(19180B) 남궁랑 작사 박용수 작곡
1935. 4. 20	유행가	32) 덧업슨 人生(19191A)
	유행가	33) 봄은 가누나(19191B)
1935. 6. 20	유행가	34) 出帆(19200A) 왕평 작사 박용수 작곡
	유행가	35) 시냇가의 追憶(19200B) (윤건영 합창) 南風月 작사 정사인 작곡
1935. 8. 20	유행가	36) 漁父四時歌(19213A) (김용환 합창) 南江月 작사 김탄포 작곡
	유행가	37) 港口의 女子(19213B) 편월 작사 박용수 작곡
1935. 9. 20	유행가	38) 埠頭의 戀歌 (19218A) X501B재발매 王平 작사 近藤致二郎 작곡
	유행가	39) 玉笛야 울지 마라 (19218B) 片月 작사 金冕均 작곡
1935. 10. 20	유행가	40) 靑春悲歌(19223) 남궁랑 작사 박용수 작곡
	유행가	41) 어머니(19224) 片月 작사 金灘浦 작곡
1935. 11. 20	유행가	42) 오늘도 울엇다오(19228A) 남궁랑 작사 박용수 작곡

1935. 12. 12　유행가　43) 눈물의 埠頭(19232A)
乙巴素 작사 金灘浦 작곡

20세

1936. 1. 15　유행가　44) 아가씨 마음(19280B)
金月灘 작사 金灘浦 작곡

유행가　45) 울고 갈 길을 웨왓든가(19281A)
왕평 작사 김교성 작곡

1936. 2. 20　유행가　46) 咫尺千里(19284A)
편월 작사 大村能章 작곡

유행가　47) 沙工의 안해(19284B)
김정호 작사 柳絃 작곡

1936. 3. 20　유행가　48) 믿음도 허무런가(19294A)

1936. 4. 20　유행가　49) 相思一念(19297A)
추야월 작사 김교성 작곡

1936. 5. 20　유행가　50) 無情(19305B)

1936. 6. 20　신민요　51) 그리워라 그 날이(19311A)
金範晋 작사 · 작곡

유행가　52) 歲月만 가네(19312B)
李仁 작사 山田榮一 작곡

1936. 7. 20　신민요　53) 布穀聲(19320A) X505A 재발매
추야월 작사 이면상 작곡

신민요　54) 마지막 아리랑(19320B)
편월 작사 이면상 작곡

1936. 8. 20　유행가　55) 부서진 거문고(19331A)

1936. 9. 20　유행가　56) 그 여자의 일생(19336)
(일명 카쥬샤) 전옥, 김용환 합창

유행가　57) 눈물(19342B)
편월 작사 박용수 작곡

1936.10. 20　유행가　58) 花月三更(19352A)

劉漢 작사 金雲波 작곡

1936.11. 20 유행가 59) 이 마음 외로워(19366)

박용수 작사 · 작곡

60) 유랑의 노래(19367)

1936.12. 20 유행가 61) 달마지(19375)

李雲芳 작사 金冕均 작곡

21세

1937. 2. 20 유행가 62)處女 열여덜은(19393B)

金正好 작사

1937. 4. 20 유행가 63) 알아 주세요(19406A)

22세

1938. 2. 20 유행가 64) 바다의 하소

유행가 65) 아즈랑이콧노래

白春波 작사 金敎聲 곡

1938. 7. 20 신민요 66) 아리랑 눈물고개

67) 수심

68) 두만강 푸른 물아

김용환 작사

국내 발매

2005. 1) 본조아리랑

(『아리랑수수께끼』 첫 수록곡)

신나라레코드

2006. 2) 경기긴아리랑

(『북한아리랑명창전집』 수록곡)

신나라레코드

부록 : 왕수복의 인터뷰 자료

① 소설가 부인을 꿈꾸다 - 1935년 『삼천리』 인터뷰

"나일 강 가에 유람선을 띄어 놓고 당비파를 타고 앉았던 클레오파트라의 침실같이 온 벽을 차지한 큰 몸거울이 있는데다가 조그마한 겨울 4, 5개가 있고 방 한쪽으로 자개를 물린 3층 화초장, 까맣게 윤이 흐르게 칠한 양복장, 그리고 좋은 산수화, 뭐라 말할 수 없는 아름다운 향기. '이몽룡' 이라면 여기에 모두 운을 붙일 수 있으련만 이러한 미묘한 정서에는 뚱딴지인 내가 무엇이라고 표현하랴. 오직 화려한 생활과 아름다운 여왕을 여기에서 발견하였을 뿐."[37]

나는 달큼한 술에 취한 듯 한참 어리둥절하다가 수만 명 독자가 나의 방문기를 기다리고 있으리란 생각에 정신을 내어

나. 어디서 나았어요?(이런 일에는 '햇내기' 아니란 듯 서슴지 않고 인제 한 마디 던졌다.)

王. 저요, 저는 평양이야요. 창전리(倉田里) 장거리 까외다.

나. 그러면 나기를 평양, 자라기를 평양, 죽기를 평양! 아뿔싸 벌써 돌아가서 쓰겠어요. 어째든 대동강하고는 어릴 때부터 친하였던 게구려. 그런데 지금 방기(芳紀)는 ?

王. (가벼이 웃으며) 방기랄 것 있어요. 대정 6년 사월 스물 사흘 날 났답니다.

나. 그럼 열아홉 이구만 인생 열아홉 ! 이건 너무 좋은 때 구만요. 지금 참 정 좋으실 철.

王. 그래도 남들이 보기에는 저의 생활은 호화롭고 웃음 속에 사는 듯 하지만 저에게도 슬픔과 외로움과 탄식이 많이 있답니다. 저는 워낙 운명(運命)의 고아(孤兒)여요. 세 살적 아버지를 여의었어요. 너

무 오래전 일이 되어 아버지 얼굴조차 잘 기억하지 못합니다마는 속담에도 '조실부모(早失父母)한 이상 세상에 낙(樂)이 반감(半減)이라'고 그 말이 옳아요. 그렇게 되니 우리 4남매는 어떻게 해요. 어머니 슬하에서 울기도 많이 하고 아버지 그리운 생각도 많이 하면서 자라났답니다. 이럭저럭 학교라고 이곳 명륜보통학교(明倫普通學校)에 들어섰지요. 그래서 산술도 배우고 한문도 배우고 여러 동무들과 먼 장래 이야기도 하고 즐겁게 소녀시절을 지내셨지요. 그러다가 내가 열 살 나던 해, 보통학교 삼학년에 올라가자 우리 집안에 큰 문제가 생기었어요. 그것은 다른 것이 아니고 저어! 에이 슬픈 이야기는 그만 두지요. 선생님도 들어서 오직 성가실 뿐일걸요.

나. 어서 말씀하세요. 누구나 초년고생 업는 이가 있을라고.

王. 그럴까요. 글쎄… 그래서 학교를 퇴학하였어요. 저는 학비 때문에 마저 다닐 수 없으니까요. 그때 학비도 염려 없이 있어서, 학교를 순조롭게 마치었던들 미국 공부하고 지금쯤은 이화전문학교 여교수쯤 되고 그리고 무슨 박사쯤 되었을는지 몰랐지요. 그러고 난 뒤는 어머님 말씀이 있어 기생학교(妓生學校)에 들어갔지요. 네 물론 지금 있는 이곳 평양기생학교이지요. 그래서 성적은 좋았답니다. 열세 살 때에 우등으로 졸업했어요. 그런 뒤는 내친 거름에 기생이 되었지요.

나. 기생되기 싫지 않았어요?

王. 기생이 된 동기가 있지요. 언니가 나보다 먼저 기생이 되어 있었답니다. 그래서 화려한 옷을 입고, 언니가 늘 웃으며 다니는 것이 한편 부럽기도 하였습니다. 그런 뒤 한번은 평양성에 서선명창대회(西鮮名唱大會)가 열리었지요. 나는 출연하였다가 어쩐지 고대속요는 싫어져 그제부터는 민요나 요즘 유행가를 배우고 싶어 그편으로 노력하였답니다. 유행가 연습을 자꾸 했지요. 남모르게.

나. 그리고는?

王. 그것이 재작년(1933년) 5월이었지요. 서울 콜롬비아 회사에 입사하여 처음으로 다섯 장 10면을 취입하였지요. 그 뒤 사정으로 다시 폴리돌회사와 계약을 맺고 거기 입사하였어요.

나. 폴리돌에 가서는 몇 장이나 넣었어요.

王. 글쎄요. 이럭저럭 서른 장을 넘을 걸요.

나. 다 좋았겠지만 그중에도 가장 잘 되었다고 스스로 만족하는 것은.

王. 「고도(孤島)의 정한(情恨)」이여요. 내 심정을 붓으로 그려 노은 듯 퍽이나 좋게 생각하는 노래였지요.

나. 또?

王. 그리고는 「청춘(靑春)을 찾아」

나. 그런데 대체 하루하루를 어떻게 보내세요.

王. 아침 열한 시나 열두 시면 꼭 일어나요. 늦잠꾸러기지만 정오를 지내본 적은 없답니다. 안심하세요. 그리고 피아노 연습을 좀 하고 권번(券番)에 갈 준비를 하고 그리하여 청하는 손님을 따라 밤 열두 시 새벽 한 시까지 이곳저곳 요정(料亭)에서 노동하지요.

나. 노동(勞動)?

王. 그럼요. 오락(娛樂)이 아니고 노동(勞動)이지요.

나. 밤에는 노래와 춤을 팔고 낮에는 레코드에 취입을 하고 그래서 한 달 수입이 얼마나 되세요. 젊은 아가씨에게 연령과 수입을 묻는 것은 여간 실례가 아니겠지만 여러 독자는 그런 것을 꼭 듣고 싶어 해요.

王. 수입이야 대중없지요. 많을 때도 있고 적을 때도 있지요. 나라에 다니는 관리나 은행 회사에 다니는 셀러리 맨이면 월급이 일정하겠지만, 저희들 수입은 뜬구름 같답니다. 많이 생기는 달은 7·800원도 되고 못 생기는 달이면 3·400원도 되구요.

나. 그 많은 돈 다 무얼 하세요. 한 달 생활비는 얼마나 들건대?

王. 수입이 일정치 못하니 지출도 일정하지 못하지만 평균 잡으면 100원쯤 될는지요.

나. 그래 얼마나 돈이 있으면 마음에 만족하겠어요.

王. (웃으며) 백만 원 !

나. 백만 원을 가지고 무엇 하게?

王. 큰 악기점과 서점을 차리지요.

나. 어째서 거기에 그렇게 마음이 끌려요.

王. 큰 악기점이니까 좋은 피아노를 칠 수 있겠고 큰 서점이니까 좋은 책도 맘대로 볼 수 있고 그것 안 좋아요.

나. 그건 너무 큰 문제니까 뒤로 미루고, 대체 지금 제일 기쁠 때가 어떤 때여요.

王. 어서 이 추하고 남의 노리개 감 같은 기생 직업을 떠나게 됐으면 기쁘겠어요. 그리고서 자유롭게 좀 더 공부하여 좋은 노래를 불러드리고 싶어요. 그것이 저의 일생의 소원이랍니다.

나. 노래 취입에도 불쾌한 때가 있어요?

王. 있고말고요. 가령 취입한 소리판이 잘못되었다고 그것을 짓밟아 없애 버리고 새로 소리판 넣을 때는 꼭 울고 싶어요. 슬퍼요.

나. 자, 인제 연애하던 말씀이나 하시구려. 때는 봄, 몸은 청춘 시절은 강남제비 올 때. 이러할 때 젊은 사람들의 화제는 음악이 아니면 춤, 춤이 아니면 연애 이야기가 구수하여 듣기 좋아요.

王. 구수? (웃으며) 구수하다면 어폐(語弊)가 있구만요. 연애는 생전에 한 일 없어요. 혹 한번 만난 어른 가운데 다시 한 번 더 보았으면 하고, 가볍게 그리워지는 분은 있지만 어디 그 정도가 연애는 아니겠지요.

나. 그럼 마침 잘 되었소이다.

王. 뭐가요.

나. 왕수복 씨에게 애인이 있었던 말이 퍼지면 천하의 호남자들이 얼마나 슬퍼하고 애타하고 실망할까요.

王. 그건 또 왜요.

나. '사내들 심리'란 아무쪼록 처녀대로 아무쪼록 어느 놈팽이 붙지 않고 있었으면 해요. 제가 동경(憧憬)하는 여성에게는. 그래 그는 그렇다 하고 장차 어떤 사내를 남편으로 골라잡겠어요. 어떤 직업, 어떤 성격가진 이에게 일생을 맡기겠어요?

王. 성격이나 직업만 보구야 어떻게 정하겠어요. 제 마음에 맞으면 그만이지요. 글쎄요. 말로는 차마 못해서 글로 통정하는 이도 좋고요. 월급쟁이도 좋고요. 둔중한 이보다 신경질한 분이 좋아요. 문사(文士)가 좋아요.

나. 그래서 이제 시집가서 남의 아내가 되어 가정 살님을 맡아 하게 되면 얼마나 가지면 생활비가 될 것 같아요.

王. 아모래도 200원 정도는 한 달 수입이 있어야 할 것 같아요. 200원이 많으면 170~180원 정도는 있어야 할 것 같아요.

나. 그러면 상대 남성의 나이는.

王. 6, 7年이상이 좋아요.

나. 아까 말에 시를 쓰고 소설을 쓰는 문사(文士)를 좋아 하신다구요? 그런데 조선 형편에 어느 문사치고 200원이나 170~180원 생활비를 다달이 만들 사람이 몇 이나 된다구요? 그런 분이 출현하기를 기다리자면 검은 머리 팔 뿌리 될 때까지 기다려야 할 터이니 일이 되겠습니까. 차라리 양행(洋行)이나 해서 배필 고르는 것이 좋을 걸요.

王. 문사(文士) 남편이 얻어진다면 100원 정도로 참지요. 호호호.

나. 끝으로 한마디 더 묻겠어요. 언제쯤 생활 혁명을 일으키겠어요. 누거리 기생살림을 발로 부수어 버리고 예술가로 나서겠어요.

王. 올봄! 올봄을 두고 보세요.

이렇게 이야기하고 왕수복 양은 다시 나를 위하여 피아노 한 곡조 타준다. 그리고는 아름다운 목소리로 「고도(孤島)의 정한(情恨)」이란 레코드에 넣은 그 노래를 불러 준다. 둥-당-하는 묘한 음률이 담장 밖으로 흘러나가 봄바람을 타고 고요히 평양 성중에 펴진다.[38]

② 성악의 '최승희'를 꿈꾸다 - 1939년 『삼천리』 인터뷰

1939년 3월에 평양 신창리(新昌里)의 아담한 골목을 도라 곱게 단청 칠한 문간에 섰다. 여기가 한때는 레코드 계에 그 연연한 노래로서 장안 남녀를 울려 왕자의 지위에 군림하였고 지금은 동경에 들어가 가요수업에 일심정진하고 있는 미스 왕수복 씨의 집이다. 어머님 소상으로 일 년 만에 나온 씨를 나는 그 방에서 맞이할 수 있었다.

방 안에는 등신대(等身大)의 몸거울이 놓여 있고 서가 위에는 이태리의 원서 몇 권과 『바람과 함께 사라지다(風と共に去りぬ)』의 소설 등 몇 책이 있어 이 여주인공의 교양의 높음을 보이고 있었다.[39]

나는 경이의 눈으로 그의 유복(裕福)스럽게 생긴 얼굴을 쳐다보며 이 색시의 머리를 타진키로 했다.

"이 『바람과 함께 사라지다(風と共に去りぬ)』를 보서요."

"네. 첫 권은 이미 동경에서 보았고 그 하권을 이번 가지고 나와서 틈틈이 보고 있어요."

"미국 독서 사회에서는 크게 환영받았다 하나 이것이 이 댁이 서가에까지 실릴 줄은 참으로 놀랍고도 기쁜 일인데요."

"왜요. 우리는 보아서 안 되나요. 호호호 그 아메리카의 남북전쟁에 취재한 것이 퍽이나 마음을 끌려요. 문체도 참신하고 묘사도 좋구요."

"또 무얼 읽었어요?"

"『퀴리부인전』"

영미에서 50만 부가 팔렸고 17개 국어로 번역되었고 동경에서도 벌서 20판인가 30판째인가 나온다는 이 유명한 작품을 실은 나는 아직 보지 못하였다. 그런데 미스 왕은 벌써 통독하였다 한다. 부끄러운 일이다.

"그렇게 좋은 작품이든가요."

하는 물음에 그는 고개를 설레설레 흔들면서

"소설이 아녀요. 소설이라기보다, 한 위대한 여성의 전기예요. 그런데 소설 이상으로 사람의 마음을 흔들어요. 읽는 사람을 감격케 해요. 작자

도 유명한 소설가가 쓴 것이 아니라 퀴리 부인의 따님인 '에브(Eve Curie : 1904 ~ ?)'라는 여자가 썼어요. 그저 진실하게 점잖게 썼는데."

"내용은?"

"오늘날 과학문명에 큰 혁명을 일으킨 저 라듐이 있지 않아요. 그 라듐을 발견하기까지의 퀴리 부인의 눈물겨운 노력을 그린 것이야요. 퀴리 부인은 가난한 집에 태어났대요. 그래서 시골 구석에서 가정교사로 있다가 파리에 나와 고학생이 되었다가 천재 물리학자와 결혼하여 온갖 고생 끝에 라듐 원소를 발견하지요. 그러다가 남편은 죽고 저는 전쟁이 터지자 종군 간호부로 돌아다니고 이 노력 속에서 이 고난 속에서 천분을 완성하는 그 거룩한 여성의 기록인데 여기에서 얻어지는 것이 참으로 많다 군요."

"그리고는 또 다른 책은."

"지드의 『좁은 문』, 그리고는 * 날 것이나. 도스토예프스키의 것을 좀 읽어요. 『죄(罪)와 벌(罰)』 같은 것도 그러나 읽기는 하시만 뭘 알아야시요. 호호호!"

"그러면 조선 것은?"

"춘원선생의 『애욕(愛慾)의 피안(彼岸)』을 작년 동경 갈 때에 선우일선에게서 빌어가지고 갔다가 최근에 보았는데 요지간 『사랑』을 보고 싶은 생각이 나요."[40]

이태리를 그리워하며

"노래는 많이 정진되었어요."

"예술에는 더구나 음악에는 천분이 있어야 하는데 제가 뭘 재주가 있어야지요. 그러나 이태 동안 발성법이며 많이 배웠어요."

"정식으로 음악학교를 다니셔요."

"처음에는 다니다가 지금은 유명한 여교사의 개인교수를 받고 있어요. 저 선생님도 아실 걸요. '메리트라'라구요. 채선엽(蔡善葉)씨도 이분 문하에서 배운 이지요. 내지인(內地人) 여자인데 이태리의 유명한 시인 메리라토 씨에게 시집가서 이태리에 오래 가 있다가 남편을 사별하고 돌아와서 우에노(上野) 음악학교에서 교편을 잡은 분인데 *原義江이나 三浦環씨보다 그 교수법이 좋다고 전국에서 치는 이야요. 그리고 퍽이나 인정미가 있는 중년 부인이예요. 이번에도 자기가 관서지방으로 여행할 터이니 이 달(4월) 스무날까지만 천천히 고향서 놀다가 돌아오래요."

"그이한테서 배울 것을 다 배워 가지고는? 조선에 나오겠어요."

"원래 처음에 폴리돌과 인연을 끊고 동경에 뛰어들어간 것은 한 10년 공부하려 결심했든 탓이지요. 그런데 인제 겨우 3년도 못 되었으니 벌써 나오겠어요. 좀 더 공부하지요."

"이태리로?"

"늘 꿈으론 동경하고 있어요. 메리라도 선생도 한번 꼭 가라고 그래요. 그러나 학비를 누가 줍니까. 이태리에 가 있자면 위체(爲替) 관계로 한 달에 5, 6백 원은 든대요. 생활비에 그렇게 많이 드는 것이 아니라 그곳 음악 교수에게서 개인교수를 받아야 한다는데 한 시간에 20원씩 이래요. 1주일에 세 시간은 받아야 할 터이니 수업료만 벌서 얼마입니까. 가고 싶은 생각이야 불 붙듯 일어나지만 학자금(學資金)이 망연하답니다 그려."

"일전 오사카(大阪) 아사히(朝日) 기사에 보니까 최승희 씨가 무용을 통하여 조선예술을 세계에 빛나게 하듯이 수복 씨도 음악을 통하여 그 중에도 조선 독특의 민요를 통하여 조선예술을 크게 빛나고 싶다 하셨는데."

"네. 그렇게 생각하여요. 제가 최승희 씨 모양으로 천분만 있다면 그렇게 하고 싶어요. 안 되더라도 그렇게 되려고 정성만은 다하려 해요. 조선 민요가 좀 좋습니까. 진실로 예전에는 멋도 모르고 남 하는 흉내로 한 곡조 두 곡조 불러 왔지만 지금에 음악이 무엇인지 발성법이 어떤 것인지 한두 가지 알아 가면서 돌이켜 생각하니 진실로 조선 민요는 우수한 로케 칼라를 가진 위대한 예술품이에요. 그것을 인제야 저는 발견했어요. 다만 이것을 재래 것대로 그냥 두어야 소용없지요. 이것을 양악조(洋樂調)로 편곡도 고쳐 하고 서양음악의 발성법으로 불러야 세계적 레벨에 오를 한 독특한 음악이 될 것으로 알아요. 그렇기에 민요를 살리자면 뛰어난 편곡자(編曲者)와 그리고 새 발성법으로 부르는 가인(歌人)이 있어야 하겠어요."

"들은 즉 작년 가을 동경 군인회관(軍人會舘)에서 수복 씨가 오래간만에 침묵을 깨뜨리고 노래를 불러 절찬을 받았다더니 그때 역시 조선 민요를 불러 섰는가요."

"네. 지금 말씀한 양으로 조선민요를 양악(洋樂) 발성법에 좇아 첫 시험으로 불러 봤더니 다행히 환영을 받았어요. 내가 부른 노래는 이태리 노래 몇 가지와 그리고 아주 옛날 조인 '아리랑' 이었지요."

"가령 양악조(洋樂調)로 편곡과 창법을 한다면 이 '아리랑' 이외 민요를 구체적으로 생각하여 보았어요."

"삼남(三南)에서 부르는 농악(農樂)의 일종인 저 농부가(農夫歌)의 그 '얼널너 상사 뒤' 하는 그 멜로디라든지 양산도(梁山道)의 후렴이란 다든지 모두 다 어느 나라 민요에서도 찾기 어려운 부드러움과 조선 멋이 들어 있지 않습니까."

그러면서 미스 왕은 고은 목청을 고요히 놓아 몇 가지의 멜로디를 들려준다. 과연 놀랍게도 아름답다. 이것이면 옛 노래라고 돌보지 않던 신체(新體) 민중에게도 절대한 호평을 받을 것 같다.

"민요를 살리는 것이 그 민중의 전통적 음악을 살리는 첫 길인 줄 알아요. 벨트라멜리 요시코선생도 늘 그런 말씀을 하여요. '제 향토에서 낳아진 노래를 가지고 세계적 성악가가 되라고요. 아무리 이태리 말로 잘 부른대야 이태리 사람이야 따를 길 있겠느냐고요. 그 뿐더러 제 향토 것이 아니면 정말의 생명의 음악이 생길 수 없다' 고 저는 이 말씀이 모두 다 옳다고 믿어요."

"좋은 말씀이군요. 아무쪼록 성공하서요. 조선 민요를 세계적으로 살려 놓고 나오셔요."

"감사합니다. 저는 동경에서도 별로 교제도 않고 또 연주회 같은 데 나와 달라고 여러 번 청을 받지만은 모두 다 피하고 오직 이 길에 자신이 서질 때까지 일로정진(一路精進)하려고 생각합니다."

그러면서 그 정열적인 눈에서는 예술가군에게서만 발견되는 예지와

총명과 홍분의 빛이 빛나고 있었다. 밤 열시 이렇게 늦도록 까지 나는 양(孃)의 이야기에 존경의 머리를 가지고 듣다가 나왔다. 이 뒷날 반도 악단(樂壇)에 높은 새사람 한 분을 얻은 것이 심히 만족하다.[41]

미주

1) 『삼천리』 제7권 제10호 1935. 11. 1 白樂仙人 〈現代 『長安豪傑』 찾는 (座談會)〉 10월 15일의 따듯한 深秋 1일 시외 성북동의 「銀碧莊」 樓上에서 개최
2) 장영철(1998), 『조선음악명인전(1)』 왕수복, 평양, 윤이상음악연구소, pp.346~347.
3) 장영철(1998), 『조선음악명인전(1)』 왕수복, 평양, 윤이상음악연구소, pp.342~343.
4) 장영철(1998), 『조선음악명인전(1)』 왕수복, 평양, 윤이상음악연구소, pp.342~343.
5) 윤두성은 훈도(訓導)로 순안보통학교로 1928년에 옮긴다. 『조선총독부및소속관서직원록』 1927년도 「평양명륜여자공립보통학교」 訓導(월60)
6) 金如山 『歌姬의 藝術 · 戀愛生活』, 『삼천리』 제7권 제5호 1935. 6. 1, pp.139~145.
7) 1927년 12월 20일에 平安南道, 箕城妓生養成所創立를 하였다. 『한국여성사』 부록, 이화여대 한국여성사 편찬위원회, 이화여대 출판부, 1978, p.76
8) 장영철(1998), 『조선음악명인전(1)』 왕수복, 평양, 윤이상음악연구소, pp.342~343.
9) 『삼천리』 제7권 제5호 1935.6. 1. pp154-169.
10) 草士, 「西道一色이 모힌 平壤妓生學校」, 『삼천리 제7호』 1930. 7. 1
11) 「平壤妓生學校求景, 西都 平壤의 花柳清調」, 『삼천리』 제6권 제5호 1934. 5. 1
12) 본관지 清州, 현주소 平安南道 平壤郡 大興部 四里, 학력 1881년 入學家塾, 경력및활동 1906년 8월 31일 任軍部主事 判任七級, 『대한제국관원이력서』 20책 529.

13) 「김군의 적재(適材)적임(適任)」, 『동아일보』 1922. 2. 5

14) 제9회는 1930년이다.

15) 1906년 인재양성과 민중의식개혁을 목적으로 조직된 애국계몽단체인 서우학회(西友學會)는 평안도 · 황해도 출신의 지식인이 중심이 되어 대한자강회(大韓自强會) · 국민교육회 · 기독교청년회와 무관 · 언론인 집단 등을 기반으로 조성되었다. 박은식(朴殷植)을 비롯한 12명의 발기인 중에 김유탁(金有鐸)이 들어가 있다.

16) 김영순(2003 탈북한 북한 인민군협주단 무용교원) 증언과 평양무용대학 성악교원 증언

17) 「기성권번, 취입 불가」, 『조선일보』, 1934. 10. 7일자

18) 장영철(1998), 『조선음악명인전(1)』 왕수복, 평양, 윤이상음악연구소, pp.345~346.

19) 최창호, 『민족수난기의 대중가요사』, 일월서각, 2000, pp.78~79.

20) 최창호(1997), 『민족수난기의 가요들을 더듬어』, 평양출판사, p.90~91.

21) 全基玹, 『삼천리』 제7권 제10호 1935.11.1. 「왕수복의 부른 '孤島의 情恨' 의 作曲을 하고」, pp.153-155.

22) 「레코드계의 내막을 듣는 좌담회」, 『조광』, 1939년 3월호, pp.314~323.

23) 왕수복의 노래는 처음 출세작에 이기는 것이 아직 없는 것은 웬일인지 모르겠다. 선우일선도 「꽃을 잡고」 이후에 번뜻한 것이 없으니 여기에는 수련과 곡조 관계가 큰 모양이다 앞으로 노력하기를 바란다. 景三伊, 「레코드란 - 레코드가수고갈시대」, 『조광』, 1935. 12월호. pp.188~189.

24) "공연윤리위원회와 방송윤리위원회에서 정한 월북 작가 가요 금지 목록에서도 '그리운 강남' 이 광복 이전에 발표된 다른 유행가들과 함께 발견되고 있다. 일반인들의 통념상으로도 '그리운 강남' 을 유행가로 보는 경향이 다분히 있었다는 것을 알 수 있는 예이다. "

25) "한편, 역시 복각음반으로 나와 있는 1943년판 '그리운 강남' 은 가

사가 폴리돌에서 발매된 것과 다소 다른데, 3절이 빠져 있는 것이 특히 눈길을 끈다. 그리운 강남을 못 간다거나, 발목이 상한지 오래 되었다는 구절은 보통 일제 식민통치에 시달리는 조선의 현실을 빗댄 것으로 해석되고 있으니, 유독 이 구절이 빠진 채 음반이 나왔다는 사실은 일제 말기 문화 암흑기의 상황을 반영하고 있는 것으로 볼 수도 있겠다." 이준희, 추억의 음악감상실 가요114.

26) 聽又聽生, 「침체해가는 조선 레코드운명」, 『조광』, 1935. 11월호. pp.158~159.

27) "오케이레코드에서도 김연월로써 이난영에게서 새 것을 찾으려는 팬들에게는 한 가지 새로운 쇼크를 준 셈이다." 聽又聽生, 「침체해가는 조선 레코드운명」, 『조광』, 1935. 11월호. pp.158~159.

28) 『조선중앙일보』, 「동경서 처음 열리는 조선유행가의 밤」, 동경지국 특신, 1935. 5. 19.

29) 『삼천리』 제8권 제1호 1936. 1. 1 『人氣歌手座談會』 대담·좌담, pp. 129-141.

30) 『동아일보』 1938. 11.23 동경지국발신

31) 정상진(2005), 『아무르만에서 부르는 백조의 노래』, 지식산업사, pp.158~161.

32) 정상진(2005), 『아무르만에서 부르는 백조의 노래』, 지식산업사, pp.158~161.

33) 북한, 『조선예술』 1997년 8월호 누계 488호, 문학예술종합출판사. 수기(手記)

34) 북한, 『조선예술』 1997년 8월호 누계 488호, 문학예술종합출판사. 수기(手記)

35) 『북한의 이해2005』, 통일부 통일교육원, 2005, p.207.

36) 북한, 『조선예술』 1997년 8월호 누계 488호, 문학예술종합출판사. 수기(手記)

37) 金如山 『歌姬의 藝術·戀愛生活』, 『삼천리』 제7권 제5호 1935. 6. 1, pp.139~145.

38) 金如山 『歌姬의 藝術·戀愛生活』, 『삼천리』 제7권 제5호 1935. 6. 1, pp.139~145.

39) 「伊太利 가려는 왕수복 歌姬」, 『삼천리』 제11권 제7호 1939. 6. 1, pp.118~122.

40) 「伊太利 가려는 왕수복 歌姬」, 『삼천리』 제11권 제7호 1939. 6. 1, pp.118~122.

41) 「伊太利 가려는 왕수복 歌姬」, 『삼천리』 제11권 제7호 1939. 6. 1, pp.118~122.

참고문헌

1. 자료

德永勳美, 『韓國總攬』, 東京 博文館, 1907.

中村資良, 『朝鮮銀行會社組合要錄』(1932년, 1937년, 1939년, 1942년판), 東亞經濟時報社.

『대한제국관원이력서』 20책 529.

『조선대백과사전』 4권, 평양, 백과사전출판사, 1990.

『조선총독부및소속관서직원록』 1927년도 「평양명륜여자공립보통학교」 訓導

- 신문

『동아일보』 1922. 2. 5. 「김군의 적재(適材)적임(適任)」

『동아일보』 1938. 11.23 동경지국발신

『매일신보』 1933. 12. 29 現代人의 情緒를 캣취한 流行歌曲의 氾濫 : 「카페」의 소음에서 가정의 음악으로, 레코드의 天下

『매일신보』 1933. 5. 27. 평양기생이 취입할 『浿城의 가을』 : 두 기생 취입차 渡東, 컬럼비아 회사의 초청바더

『조선일보』 1934. 10. 7. 「기성권번, 취입 불가」

『조선중앙일보』 1933. 8. 28 平壤 綺談 一束, 「비행기로 渡東, 한 기생가수」

『조선중앙일보』 1935. 5. 19 「동경서 처음 열리는 조선유행가의 밤」 동경지국 특신

『중앙일보』 1971. 12. 9. 「남기고 싶은 이야기」 - 고복수, 「가요계 이면사 (8), (12), (17), (19), (25) 」

『황성신문』, 1899, 3. 13.

- 잡지

『모던일본』 10권 조선판, 모던일본사, 1939. 한재덕, 「기생학교에서는 무엇을 가르칠까?」
『삼천리』 제11권 제7호 1939. 6. 1. 「伊太利 가려는 왕수복 歌姬」
『삼천리』 제2권 제7호 1930. 7. 1 草士, 「西道一色이 모힌 平壤妓生學校」
『삼천리』 제6권 제5호 1934. 5. 1 「平壤妓生學校求景, 西都 平壤의 花柳淸調」
『삼천리』 제6권 제7호 1934. 6. 1. 김산월, 「고도의 절대명기, 주로 평양기생을 중심삼고」
『삼천리』 제6권 제9호 1934. 9. 1. 레코드街 散步.
『삼천리』 제7권 제10호 1935. 11. 1 白樂仙人 〈現代 『長安豪傑』 찻는(座談會)〉
『삼천리』 제7권 제10호 1935.11.1 「'거리의 꾀꼬리' 인 十大歌手를 내보낸 作曲·作詞者의 苦心記」.
『삼천리』 제7권 제10호 1935.11.1 全基玹,「왕수복의 부른 '孤島의 情恨' 의 作曲을 하고」
『삼천리』 제7권 제10호 1935.11.1. 金相龍 『歌手의 都 平壤』
『삼천리』 제7권 제5호 1935. 6. 1. 金如山 『歌姬의 藝術·戀愛生活』
『삼천리』 제8권 제11호, 1936. 11. 1. 王平, 「歌手를 엇더케 發見하엿든나」,
『삼천리』 제8권 제1호 1936. 1. 1 『人氣歌手座談會』 대담·좌담.
『삼천리』 제8권 제8호 1936.8.1 「三千里 杏花村」
『조광』 1935년 11월호. 聽又聽生, 「침체해가는 조선 레코드운명」
『조광』 1935년 12월호, 景三伊, 「레코드란 - 레코드가수고갈시대」
『조광』 1936년 1월호. 七方人生, 「조선레코드 제작내면-별천지의 그들을 에워싼 이야기」.
『조광』 1939년 3월호, 「레코드계의 내막을 듣는 좌담회」
『조광』 1939년 5월호. 구원회, 「유행가수 지망자에게 보내는 글」, pp.310

~313.
『조선예술』 1997년 8월호 누계 488호, 평양, 문학예술종합출판사

2. 단행본

교육원(2005), 『북한의 이해2005』, 통일부 통일교육원.
김광해 외(1998), 『일제강점기 대중가요 연구』, 박이정.
김영무(1998), 『동양극장의 연극인들』, 동문선.
김진송(1999), 『서울에 딴스 홀을 許하라』, 현실문화연구.
위원회(1978), 『한국여성사』 부록, 이화여대 한국여성사 편찬위원회, 이화여대 출판부.
장영철(1998), 『조선음악명인전(1)-왕수복』, 평양, 윤이상음악연구소.
전영선(2002), 『북한의 문학예술 운영체계와 문예 이론』, 역락.
정상신(2005), 『아무르만에서 부르는 백조의 노래』, 지식산업사.
최창호(1997), 『민족수난기의 가요들을 더듬어』, 평양출판사.
최창호(2000), 『민족수난기의 대중가요사』, 일월서각.

3. 논문

노동은(2001), 「'최초'란 사실인가, 허구인가?」, 『노동은의 두 번째 음악상자』, 한국학술정보(주).
노동은(2001), 「북한음악- 북한음악여행은 가능한가?」, 『노동은의 두 번째 음악상자』, 한국학술정보(주).
서기재(2003), 「전략으로서의 리얼리티-일본 근대 '여행안내서'를 통하여 본 '평양'」, 『일본어문학』 16집, 한국일본어문학회.
송방송(2002), 「한국근대음악사의 한 양상」-유성기음반의 신민요를 중심으로-, 『음악학』 9집, 한국음악학학회.
임영태(1989), 「북으로 간 맑스주의 역사학자와 사회경제학자들」 『역사비평』 6호.

최동현·김만수(1997),「유성기 음반 회사에 관하여」,『일제강점기 유성기 음반 속의 대중 희극』, 태학사.
황금찬(2004),「노랫말에 얽힌 30년대 문단 삽화」,『시인세계』

4. 인터뷰

김영순(2003 탈북한 북한 인민군협주단 무용교원) 증언과 평양무용대학 성악교원 증언

페리타 인물평전 총서 002
설레는 바다, 왕수복

발행일 2014년 4월 23일
저자 신현규
펴낸이 이정수
기획 신현규
책임 편집 최민서 · 신지항
펴낸곳 (주)북페리타
등록 315-2013-000034호
주소 서울시 강서구 양천로 551-24 한화비즈메트로 2차 807호
대표전화 02-332-3923
팩시밀리 02-332-3928
이메일 editor@bookpelita.com
값 5,000원
ISBN 979-11-950821-2-4 (04080)
979-11-950821-0-0 (세트)

「이 도서의 국립중앙도서관 출판시도서목록(CIP)은 서지정보유통지원시스템 홈페이지(http://seoji.nl.go.kr)와 국가자료공동목록시스템(http://www.nl.go.kr/kolisnet)에서 이용하실 수 있습니다.(CIP제어번호: CIP2014011729)」